Orar 15 dias com
SANTA TERESA DE CALCUTÁ

Mons. FRANCESCO FOLLO

Orar 15 dias com
SANTA TERESA
DE CALCUTÁ

EDITORA
SANTUÁRIO

COORDENAÇÃO EDITORIAL: Elizabeth dos Santos Reis
COPIDESQUE E REVISÃO: Leila Cristina Dinis Fernandes
DIAGRAMAÇÃO: Simone A. Ramos de Godoy
CAPA: Erasmo Ballot

Título original: *Prier 15 jours avec Mère Teresa*
Nouvelle Cité, 37, avenue de la Marne
92120 Montrouge, França, 2003
ISBN 2-85313-444-X
ISSN 1150-3521

Todos os textos em itálico neste livro são de Madre Teresa (Postulação da causa de beatificação).

Dados Internacionais de Catalogação na Publicação (CIP)
(Câmara Brasileira do Livro, SP, Brasil)

Follo, Francesco
   Orar 15 dias com Santa Teresa de Calcutá / Francesco Follo; [tradução Paulo de Oliveira]. – Aparecida, SP: Editora Santuário, 2005.
(Coleção Orar 15 dias, 12)

   Título original: Prier 15 jours avec Mère Teresa.
   ISBN 85-369-0037-7

   1. Orações 2. Teresa, de Calcutá, Madre, 1910-1997 3. Vida espiritual I. Título. II. Série.

05-9023   CDD-282.092

Índices para catálogo sistemático:

1. Santas: Igreja Católica: Biografia e obra
282.092

3ª impressão

Todos os direitos em língua portuguesa
reservados à **EDITORA SANTUÁRIO** – 2016

Composição, CTcP, impressão e acabamento:
Editora Santuário - Rua Pe. Claro Monteiro, 342
12570-000 – Aparecida-SP – Tel. (12) 3104-2000

Madre Teresa: uma vida inteira dedicada a Deus e partilhada com as pessoas

"Façamos alguma coisa de bom para Deus." Madre Teresa repetia muitas vezes essa frase a suas irmãs e a todos que conhecia.

Dia 26 de agosto de 1910 nascia em Skopje, Macedônia, Inês Gonxha Bojaxhiu, a futura Madre Teresa. No dia seguinte era batizada. Ninguém então poderia desconfiar que, com esta menininha, Deus oferecia ao mundo um presente tão maravilhoso. Certo é, como disse Tagore, que cada criança que nasce é sinal de que Deus não está cansado dos homens. A vinda, porém, da pequena Inês ao mundo era o nascimento daquela que, mais tarde, adulta e já uma celebridade, se definiria como *"o lápis na mão de Deus"*, um humilde instrumento destinado a trazer ao mundo o amor de Deus.

Assim começava a vida de uma mulher que iria ensinar a todos que amar é doar-se; amar aquele que não conhece a Deus, aquele que estende a mão para pedir esmola. Seus pais, albaneses, chamavam-se Nikola e Drane Bojaxhiu e já tinham dois filhos: Age, nascida em 1904, e Lazar, nascido em 1907. Outras duas filhas haviam morrido em muito tenra idade. Inês foi então a caçula. Quando ainda criança, descrevia assim sua família: "Somos uma família bem feliz, uma família bonita e unida". Os Bojaxhiu eram de boa situação econômica. O pai, empresário de construção e importador de produtos alimentícios, não se escusava nunca de ajudar os pobres. A mãe, mulher piedosa, participava da vida da paróquia, tendo educado seus três filhos na religião. Educação que se concretizava na ajuda aos necessitados, a quem dava de comer e acolhia muitas vezes em sua casa. Quando mamãe Drane ia visitar os pobres, era sempre Inês quem a acompanhava.

A pequena Inês cresceu e completou sua educação na escola, onde se mostrou inteligente, exemplar.

Aos nove anos, a filhinha perde o pai. Leiam como a menina descreveu o ocorrido:

> *Papai Nikola me dizia: "Minha filha, nunca tome nem aceite algo, um único bocado que seja de alguma coisa, sem dividir com os outros". Ou seja: "O egoísmo é uma doença espiritual que a torna escrava e a impede de viver ou de estar a serviço dos outros".*

Parece que ele havia sido contagiado por seu engajamento político em favor do nacionalismo albanês. Suas últimas palavras à esposa foram: "Não fique preocupada, tudo vai bem. Tudo está nas mãos de Deus... Drane, peço-lhe, cuide de nossas crianças... A partir de hoje são suas... e de Deus". Foi um duro golpe para a família, mas que foi superado com fé. Mesmo não sendo mais tão rica como antes da morte de Nikola, a família Bojaxhiu manteve a tradição de se dedicar aos pobres, aos órfãos, aos desprovidos. A própria Madre Teresa testemunha:

> Muitos pobres de Skopje e dos arredores conheciam a porta de nossa casa. Nunca alguém voltava de mãos vazias. Todos os dias, havia sempre alguém à mesa para jantar. Nas primeiras vezes, perguntava a minha mãe: "Quem são estas pessoas?" Ela me respondia: "Alguns são de nossa família; os outros são parentes, de todo o tipo". Quando fiquei maior, entendi que eram pobres, pessoas que não tinham nada e que minha mãe alimentava.

Foi em 1922 que a futura Madre Teresa ouviu o chamado à vida religiosa. Era seu costume ir em romaria ao santuário de Nossa Senhora de Crna Gora, em Letnice, não longe de Skopje. Foi lá (no santuário dedicado à Virgem) que ela *"ouviu a voz do Senhor pela primeira vez"*, como mais tarde irá contar. Tinha doze anos. Em Madre Teresa, a partir desse momento, aumentou a certeza de que o dom da vocação e o da perseverança nesse caminho são graças supremas que a Mãe de Cristo seguramente consegue para todos os que a ela se dirigem e lhe pedem com confiança.

Engajou-se mais e mais nas atividades da paróquia: participava do coral, dava catecismo e se inscreveu na Confraria da Virgem Maria. Uma das atividades da confraria consistia em apoiar a vida dos missionários. Foi depois de ter lido cartas de alguns missionários jesuítas que exerciam seu apostolado em Bengala (então um dos estados da Índia), rezando por eles e se envolvendo em ajudá-los no plano material, que Madre Teresa amadureceu a convicção de que o Senhor a queria como missionária. E, em 1928, sempre no santuário de Nossa Senhora de Crna Gora, por ocasião da festa da Assunção, ela aceita plenamente sua vocação missionária. Por isso, essa jovem de 18 anos deixa Skopje em 26 de setembro de 1928 e, em 13 de outubro do mesmo ano, é aceita como postulante pelas irmãs de Lorette, uma congregação irlandesa que tinha sua sede em Dublin. Lá aprendeu inglês, idioma que passou a ser depois sua língua usual.

Em 6 de janeiro de 1929 a futura bem-aventurada chega a Calcutá. Madre Teresa estava muito contente de chegar à Índia com os "reis magos". Dia 16 de janeiro de 1929 chega a Darjeeling, a 650 km ao norte de Calcutá, no noviciado das Irmãs de Lorette, onde fará sua primeira profissão religiosa em 25 de maio de 1931. A partir desse momento passa a chamar-se Irmã Teresa, para ressaltar sua devoção a Teresinha de Lisieux.

Em 24 de maio de 1937, com quase 27 anos, pronuncia seus votos perpétuos. Irmã Teresa muda definitivamente de nome e assume o de Madre Teresa. Confiam-lhe o cargo de professora na escola secundária bengali Santa Maria. A propósito desse período, escreveu:

> *Assumi mais outro cargo, a escola Santa Teresa, que está em Calcutá... No mesmo dia em que me confiaram essa tarefa, fui ao local para me inteirar da situação.*
>
> *A escola está bem longe de nossa casa e, então, todos os dias eu ia para lá num carrinho indiano. Assim chego antes de meus pequenos alunos...*
>
> *Quando minhas crianças me viram pela primeira vez, olharam entre si, perguntaram se eu era um espírito mau ou uma deusa. Para elas não há meio termo. Se somos gentis, elas nos adoram como divindades; ao contrário, têm medo de quem se mostra maldoso com elas, como se fossem demônios, e contentam-se em respeitar.*
>
> *Arregacei logo as mangas, afastei todos os móveis da sala de aula, peguei uma vassoura e um balde de água e me pus a lavar o chão. Isso as deixou muito espantadas. Ficaram muito tempo me olhando, porque nunca tinham visto começar o curso dessa forma, ainda mais porque na Índia serviços dessa natureza são reservados às castas inferiores. Quando me viram alegre e sorridente, as meninas começaram a me ajudar, enquanto os meninos traziam água. Ao final de duas horas, o local imundo estava*

transformado, ao menos em parte, numa sala de aula que respirava limpeza. Era uma sala comprida, que havia servido de capela e que agora estava dividida em cinco classes.

A minha chegada havia 52 crianças; agora são mais de trezentas. Ensino também em outra escola, que conta com quase duzentas crianças, mas que se parece mais com um estábulo do que com uma escola. Ensino também em outro lugar, uma espécie de pátio. Quando vi onde as crianças dormiam e o que comiam, senti um aperto no coração, porque não é possível encontrar miséria maior. E são alegres. Feliz infância!

Quando nos damos a conhecer, elas não cabem em si de alegria. Põem-se em volta de nós a dançar e a cantar até que se ponha a mão sobre algumas dessas cabecinhas encardidas. A partir desse dia, chamaram-me "Ma", que quer dizer "A mãe". Basta pouca coisa para fazer felizes os corações simples!

Manteve essa tarefa até 1944, ano em que foi nomeada diretora dessa escola.

O caminho parecia então todo traçado para esta religiosa: sua vida daqui para frente se desenvolveria numa escola. Mas, em 10 de setembro de 1946, enquanto ia de trem para Darjeeling, para os exercícios espirituais anuais, recebeu *"o chamado no chamado"* (são seus próprios termos) ou a vocação na vocação. Fez a experiência de Cristo sedento de seu amor e de sua vocação para levar a caridade divina aos pobres, criando a família das Missionárias da Caridade. Lê-se em seus primeiros escritos:

> *Sabia que devia segui-lo, voltando-me para aqueles que, à imagem de Jesus, não têm onde reclinar a cabeça... para aqueles que conhecem a nudez, o desprezo, o abandono. Não havia dúvida... a mensagem era clara: era uma ordem. Sabia a quem pertencia, mas não sabia como realizar, ignorava como tudo se faria. Então deixei que Deus se servisse de mim, de seu jeito, um jeito que eu desconhecia.*

Dois anos mais tarde, 6 de janeiro de 1948, depois que o arcebispo de Calcutá concordou, Madre Teresa pede autorização à Superiora-Geral das Irmãs de Lorette, Madre Gertrudes Kennedy, para deixar a congregação. Dia 12 de abril, é-lhe dada a autorização e, dia 16 de agosto, Madre Teresa deixa Entally para ir a Patna. No hospital da Sagrada Família das Irmãs da Missão médica, aprende noções básicas de como cuidar dos doentes. Em dezembro, volta a Calcutá e começa a trabalhar em Miti Jihl, um *bustee*, uma favela. Reúne algumas crianças e começa a dar aula na rua.

Na festa de São José, 19 de março de 1949, uma moça bengali, Subashini Das, que havia sido sua aluna, foi a primeira a unir-se a ela. Nesse mesmo ano, outras três jovens decidem compartilhar a vida e o trabalho de Madre Teresa. É também durante esse período que ela começa a escrever as constituições das Missionárias da Caridade, tendo acrescentado aos três votos clássicos, castidade, obediência e pobreza, um quarto voto: o da caridade para com os mais pobres dos pobres.

Chegamos assim ao dia 7 de outubro de 1950. Esse dia, festa de Nossa Senhora do Rosário, a nova congregação das Missionárias da Caridade foi oficialmente reconhecida como instituto religioso por Dom Perier, arcebispo de Calcutá, que, na ocasião, celebra a missa na capela da casa onde Madre Teresa e as primeiras missionárias moravam.

Em 11 de abril de 1951, essas jovens irmãs – eram doze – começam seu noviciado sob a direção da fundadora. Em 14 de dezembro, a Madre recebe a cidadania indiana, que ela havia solicitado dois anos antes.

A caridade para com os mais pobres dos pobres levou Madre Teresa a compreender que cuidar dos doentes nos dispensários, ensinar as crianças das favelas e visitar os pobres em suas casas precárias não eram suficientes. Era preciso encontrar um refúgio para os moribundos. Pediu à municipalidade de Calcutá que procurasse para eles um lugar adequado. Diponibilizaram-lhe uma construção próxima do templo da deusa Kali. Em 22 de agosto de 1952, festa do Sagrado Coração Imaculado de Maria, Padroeira da nova congregação, Madre Teresa abre o primeiro *Nirmal Hriday* (lugar do Coração Imaculado). Essa casa se chamou "Primeiro Amor da Mãe", porque concretizava o aspecto particular do carisma de Madre Teresa: para ela, cada doente, cada agonizante representa Cristo *"na aparência de pobre"*. De fato, ela gostava de repetir as palavras de Jesus: "Tudo o que tiverdes feito a um desses pequeninos, que são meus irmãos, foi a mim que fizestes".

Madre Teresa desejava ardentemente levar a alegria e a "Boa-Nova" do amor de Deus para além de Calcutá. É assim que em 1959 abre uma casa em Ranchi, depois em outras cidades da Índia: Jhansi, Agra, Asansol, Amravati, Bhâgalpur, Bombaim.

Estamos nos anos de 1960 a 1962. Ela acompanha pessoalmente cada uma dessas fundações, visita-as com frequência, viajando de trem de terceira classe e de noite, de modo a poder dispor das horas do dia para trabalhar.

A fama dessa mulher se espalha e – fato significativo – o primeiro prêmio de todos que irá receber em sua vida é o prêmio Padma Shri. É o Presidente da República que lhe confere, em 11 de agosto de 1962. Sua pátria de adoção reconhecia publicamente o trabalho realizado por essa mulher. A caridade, porém, ignora fronteiras e, em 1965, Madre Teresa abre a primeira casa fora da Índia: em Cocorote, na Venezuela. Em 1968, Madre Teresa envia suas filhas a dois novos continentes: Europa e África. Precisamente em Tor Fiscale (22 de agosto), um bairro muito pobre de Roma – uma escolha feita a convite do Papa Paulo VI – e em

Taboro (Tanzânia), a pedido do bispo de Talora. Em 1969, é a vez da Oceânia e, em 1970, o Oriente Próximo – em Amã (Jordânia), depois Londres.

Madre Teresa recebeu em 6 de janeiro de 1971 seu segundo prêmio importante. Paulo VI, em pessoa, é quem lhe entrega. Tratava-se do "prêmio João XXIII pela paz". Inspirada por essa distinção, ela vai escrever e repetir muitas vezes de viva voz:

> *O fruto do silêncio é a oração.*
> *O fruto da oração é a fé.*
> *O fruto da fé é o amor.*
> *O fruto do amor é o serviço.*
> *O fruto do serviço é a paz.*

Outras recompensas seguirão: o prêmio internacional J. F. Kennedy, o doutorado *honoris causa* em Letras da Universidade Católica de Washington, ambos em 1971. No ano seguinte, o governo indiano a honra com o prêmio Jawaharlal Nehru pela compreensão entre os homens. No dia 25 de abril de 1973, torna-se a primeira mulher a receber o prêmio Templeton pelo progresso da religião. É muito evidente que esses fatos não paralisam em nada sua obra de Missionária da Caridade; continua a abrir casas para os pobres em todos os continentes. Em 1979 contam-se pelo menos 158. É o ano em que Madre Teresa é honrada com o Prêmio Nobel da Paz. Ao recebê-lo, declarou: *"Espero que este [prêmio] seja um verdadeiro meio para trazer hoje a paz e a bondade ao mundo"*. E aproveita também a ocasião para falar da pobreza espiritual do Ocidente. Uma *"pobreza muito difícil de combater"*, porque marcada pela solidão das pessoas e acompanhada pela experiência do sentimento de exclusão e de rejeição.

Em 22 de março de 1980, recebe a mais alta distinção honorífica talvez da Índia, o Bharat Ratna (a Joia da Índia), como sinal de reconhecimento por seus esforços para aliviar os sofrimentos dos pobres. Aceita o prêmio em nome de todos os religiosos e de todos os que vão em ajuda aos pobres. Continua a abrir novas casas. Sua grande mágoa é a de não poder fazer o mesmo na China, onde ela poderá enfim estar em 1985. Entretanto, não a autorizaram a abrir nesse país nenhuma casa. Vai poder fazê-lo em Cuba, em 1986; como também o fará ainda em Washington, onde, ainda nesse mesmo ano, inaugura uma casa para soropositivos, que ela vai chamar de *"Dom da Paz"*.

Resta colocar em evidência um aspecto importante: a relação de afeto, de amizade e de admiração, recíprocos entre ela e o Papa João Paulo II. A propósito, declarou o Papa: "Esta mulher representa o lugar onde o mistério do sofrimento humano se encontra com o mistério da fé e do amor". E ainda: "Uma caridade e uma doação de si tão especiais, feitas por amor de Cristo, desafiam o mundo, um mundo muitíssimo familiar do egoísmo e do hedonismo". Exatamente em Roma, no Vaticano, João Paulo II quer uma casa para acolher as mulheres sem-teto e um lugar de refeições para os pobres. A casa, que se chama "Dom de Maria", foi aberta em 1987. A meu ver, pode-se considerar Madre Teresa como a dimensão feminina do pontificado de João Paulo II.

A despeito de sua idade avançada, de provações espirituais e de diversas doenças físicas muito graves (principalmente vários enfartes), ela viaja, ora, trabalha e fala para confortar e propagar o amor de Deus.

O verão de 1997 é muito intenso. Ela acompanha pelo mundo afora a nova superiora-geral que a sucedeu; leva-a a Roma a fim de apresentá-la ao Papa. Em julho, retorna a Calcutá. Em 5 de setembro desmaia de fraqueza. Diz: *"Não posso mais respirar"*. As irmãs da casa-mãe estão a sua cabeceira e ela reza, murmurando: *"Jesus, vos amo. Jesus, tenho confiança em vós"*. No mesmo dia, às 20h57min, morre. Em 13 de setembro de 1997, realizou-se seu funeral nacional, em presença das mais altas autoridades políticas e religiosas do mundo, e dos pobres. Sobre sua sepultura, na casa-mãe, em Calcutá, num simples bloco de mármore branco, foi gravada uma das expressões mais queridas da Madre: "Amai-vos uns aos outros, como eu vos amei".

Madre Teresa foi beatificada pelo Papa João Paulo II em 19 de outubro de 2003 e canonizada pelo Papa Francisco no dia 4 de setembro de 2016. Madre Teresa é a Padroeira dos pobres e incapacitados.

Primeiro dia

COMO APRENDER A ORAR, A REZAR?

Colocavam muitas vezes a seguinte questão para Madre Teresa: Como aprender a rezar? E ela respondia:

Rezando! Se rezarem mais, rezarão melhor.

Empreguem todos os seus sentidos para rezar. Prestem, particularmente, atenção à maneira como se ajoelham, como mantêm as mãos postas quando vão à capela, ao sair de casa e ao voltar; usem da água benta e de símbolos sagrados para elevar o espírito até Deus.

Rezar muito não basta: é preciso rezar com devoção, fervor e piedade religiosa. É preciso rezar com perseverança e com muito amor.

Rezar não é pedir. Rezar é colocar-se nas mãos de Deus, colocar-se a sua disposição e ouvir sua voz no fundo do coração.

Quando acontecia de celebrar a missa em presença de Madre Teresa, sentia-me sempre impressionado com sua atitude. Ela era um só "bloco de oração"; não eram apenas seus olhos que estavam voltados para o altar, mas toda a sua pessoa estava atenta diante desta grande presença que sua fé a levava a reconhecer no altar. Mesmo quando cansada, devido às incessantes viagens que fazia para visitar os pobres do mundo inteiro e levar-lhes a riqueza de Cristo, ela assentava-se à moda indiana, as costas apoiadas na parede da capela, prostrada fisicamente, as mãos postas, o olhar atento, o semblante sereno. Em uma entrega confiante, escutava a palavra de Deus; nela buscava iluminação, abria-lhe seu coração e a acolhia em si mesma: *"Rezar é desejar Deus"*, dizia; depois continuava: *"Para mim, Jesus é a Palavra que deve ser proclamada, o Pão da vida que deve ser comido, o Faminto que deve ser saciado, o Sedento, cuja sede deve ser aplacada"*. A consequência natural era que todos que ali se encontravam a imitavam com mais ou menos espontaneidade, mas com toda a sinceridade. Como crianças que aprendem com a mãe a falar com Deus Pai.

Uma coisa era evidente: Jesus era sua oração e a resposta para todas as suas preces. Sua oração era segura, confiante: "Aproximemo-nos com toda a segurança e confiança do trono da graça" (Hb 4,16). Esse jeito de orar brotava de sua total confiança em Deus, que cuidava dela com amor. Diante do Pai de toda a bondade, mantinha-se humilde, serena, numa postura simples de coração.

Nossas preces, que passam principalmente por nossa boca, deveriam ser, no entanto, palavras de fogo, saídas da fornalha de um coração transbordante de amor.

Quando vocês rezam, é com Ele que falam; façam-no com infinito respeito e confiança.

Sua oração era organizada. Não só porque respeitava a ordem das preces, que a regra das Missionárias da Caridade impunha à prática da oração, mas sobretudo porque sua oração manifestava o desejo sagrado que ali habitava: "Procurai antes o reino e a justiça de Deus e tudo vos será dado por acréscimo" (Mt 6,33). Tudo nela estava voltado para Deus.

Recordo-me com emoção estes momentos em que ela me encontrava e em que, como uma mãe faria com seu filho, pegava em suas mãos as minhas e, tocando um dedo após outro, repetia-me: *"I will (1), I want (2) to (3) be (4) holy (5)"* (eu desejo, eu quero ser santa); em seguida *"You (1) did (2) it (3) to (4) me (5)"* (você que fez isto para mim). Juntava então meus dez dedos e fechava, entre as suas, as minhas mãos postas, num gesto de oração. Era assim que ensinava a rezar, porque se não suplicamos a Deus e se não nos unimos ao próximo pelo gesto puro das mãos juntas, em uma corrente de mãos unidas, a união mais casta de todas (que me perdoem esta expressão um tanto quanto paradoxal), não podemos ficar santos, não podemos ser pessoas completas, autênticas.

Sua oração era honesta, porque pedia a Deus coisas justas, convenientes. Mas, acima de tudo, sua oração era humilde. Deus olha para a humildade daquele que reza, daquele que não se vangloria em nada de sua força e tudo espera dele e a Ele implora. Ela participava da missa, oferecendo-se com Cristo, porque tinha humilde consciência de fazer de sua vida um verdadeiro sacrifício de amor, para ser, com Cristo, repartida e doada aos mais pobres entre os pobres. Dedicava uma hora cada dia para a adoração ao Santíssimo Sacramento, aos pés do Cristo, realmente presente na Eucaristia, em uma íntima comunhão com Ele, seu Senhor, a quem se sentia feliz de pertencer.

Em comunhão com a Igreja, partilhava a grande honra de oferecer Àquele, que era seu Senhor e seu esposo, o canto de louvor, através da liturgia das horas. Alimentava-se diariamente da Sagrada Escritura, em particular do Novo Testamento, a fim de crescer no amor e num conhecimento sempre mais profundo e pessoal de Cristo e de seu ensinamento. Reservava pelo menos uma meia hora de seu dia para ler livros espirituais. Seguia, nesse ponto, o ensinamento que diz: "Vivei na companhia dos santos e colocai vosso consolo em suas palavras".

E assim pousar sua cabeça no coração de Cristo, e experimentar o perdão de Deus e se reconciliar com o Pai, a quem o pecado ofende (mas que corre ao encontro daquele que, como o filho pródigo, retorna à casa), e se reconciliar com a Igreja. Como ensinava a confessar-se! Aconselhava fazer uma confissão humilde, simples, clara e sincera. E, além disso, recitava o rosário tanto na comunidade como na rua. Era sua maneira de oxigenar a alma.

Aos que argumentam que não sentem necessidade de oração, pensando em Madre Teresa, pode-se responder que a oração não é uma necessidade psicológica; é uma exigência do amor. A dificuldade fundamental de sentir a necessidade de orar que alguém experimenta é a de começar a orar. A oração, tanto quanto uma exigência e expressão do amor, implica em mudança. Quanto mais o espírito e o coração se abrem, mais luz e paz recebem, e mais ainda percebem esta Presença que, só ela, pode satisfazer plenamente a sede de infinito que trazem consigo.

Madre Teresa não se refugiava na oração para escapar à responsabilidade da ação, como se duvidasse da eficácia de seus atos. Rezava porque sabia que a oração não é somente um diálogo, muito menos um monólogo. A oração produz liberdade, verdade e amor. *"Se rezam,* dizia, *terão um coração puro, verão a Deus e então vão amar uns aos outros."*

A oração é a onipotência daquele que suplica e se coloca à disposição do mistério da ação da graça divina. Àqueles que devem escolher entre a oração pela paz e a ação pela paz e optem pela ação, Madre Teresa prova, por toda a sua vida, que não existe oposição entre as duas opções. Nossa colaboração com Deus, nosso trabalho, chama-se oração. É o ponto de encontro entre Deus que "faz" e o homem que age com Deus.

A consequência mais imediata é que devemos ser ciosos do tempo que dedicamos à oração, ou como dizia a Madre:

> *Sinta-se feliz de rezar... procure rezar e se esforce em rezar muitas vezes ao longo do dia.*
>
> *A oração expande nosso coração até o ponto de torná-lo capaz de conter o dom de Deus, o próprio Deus.*

Sem pretender ser exaustivo, creio ser útil concluir este primeiro capítulo dando alguns conselhos sobre o modo de orar, de rezar:

1. Como a Bíblia aconselha, "antes de orar, preparemos nosso coração, para que não se assemelhe a alguém que tenta a Deus".

2. *"Não se pode ter pressa"*, porque nosso coração e nosso espírito *"necessitam de tempo para silenciar a seu redor; para usar a boca, para usar os olhos, para usar todo o corpo"*.

3. É muito útil, até mesmo indispensável, fazer com que nossos lábios estejam em sintonia com nosso coração; do contrário, nosso espírito se desliga das palavras que usamos para orar, ao ponto de muitas vezes não sabermos mais que oração fizemos momentos antes.

4. Prestemos atenção não apenas às palavras que pronunciamos, mas também ao sentido delas, e prestemos atenção a Deus, porque é dele que vêm as palavras e para Ele que retornam.

5. Rezemos com devoção, isto é, com uma intensa aplicação, com o coração decididamente firme em escolher o bem.

6. Evitemos as distrações, colocando-nos num clima de verdadeiro silêncio.

E, finalmente, façamos algumas vezes o sinal da cruz como Madre Teresa explicava:

> *Em nome do Pai – oração,*
> *e do Filho – pobreza,*
> *e do Espírito Santo – zelo pelas almas.*
> *Amém – Maria.*

Segundo dia

ORAR É ESCUTAR O CRISTO NA CRUZ

"Tenho sede" (Jo 19,28), disse Jesus na cruz, privado de toda a consolação e abandonado, desprezado, desolado na alma e no corpo.
Nós, Missionárias da Caridade, somos chamadas a estancar essa sede infinita de Cristo – Deus feito homem, que sofreu, morreu e ressuscitou e, daqui para frente, está sentado à direita de seu Pai, assim como está realmente presente na Eucaristia e intercede por nós; nós podemos:
– agradecer-lhe através de uma profunda vida de oração, de contemplação e de penitência;
– através de uma vida de caridade fervorosa, praticando os quatro votos, o de castidade, o de pobreza, o de obediência e o de serviço generoso e livre para com os mais pobres dos pobres;
– através da aceitação de todos os sofrimentos, renúncias, e mesmo a morte, como o exige nossa vocação de ser esposas de Jesus crucificado, a fim de crescermos com Ele em um amor maior e na santidade, a fim de melhor compreendermos nossa vocação especial, que é amar e servir a Cristo sob as aparências dolorosas dos pobres.

A vida de Madre Teresa foi uma resposta livre e clara a esse chamado. Jesus foi seu amor sem partilha na castidade; sua liberdade foi total, porque vivia na pobreza absoluta; sua entrega nos braços de Deus foi total e alegre, porque vivia na obediência. Seu objetivo era matar a infinita sede de Deus, que se fez homem. Como os anjos do céu, em adoração, cantam sem-fim os louvores de Deus, assim Madre Teresa, praticando os quatro votos, estanca indefinadamente a sede de amor de Deus. Ela foi atraída pela cruz, como o próprio Jesus foi: para a salvação das almas.

Madre Teresa escreveu:

> *O amor levou Cristo ao Getsêmani e ao Calvário. Foi o pecado que o levou... nossos pecados e os pecados do mundo... O Cristo está diante de nós, suspenso na cruz, e clama: "Tenho sede". É para matar a sede de Deus que as Missionárias da Caridade fazem o que, aos olhos do mundo, pode parecer loucura; nós somos felizes, felizes de verdade, porque podemos partilhar, nem que seja uma ínfima parte, do caminho da cruz.*
>
> *O amor, quando autêntico, dói.*

Ela foi, de nome e de fato, Missionária da Caridade. Sua missão começava toda manhã antes da aurora. Aos primeiros clarões do dia, na hora em que tudo começava a aparecer por causa da luz e emergia da escuridão, ela estava diante da eucaristia. No silêncio da contemplação, ouvia o clamor de Cristo na cruz: "Tenho sede". Esse clamor, que ela o conservava no mais profundo do coração, envolvia enquanto andava pelas ruas de Calcutá, na periferia, pelas favelas do mundo. Aí encontrava Jesus no pobre, em todo ser abandonado ou moribundo. Madre Teresa nos deixou um testemunho de uma contemplação que se transforma em amor, e de um amor que se faz contemplação. Deus amou tanto o mundo que enviou seu Filho único, nosso Senhor Jesus Cristo. Jesus amou tanto aos pobres que nos deu Madre Teresa de Calcutá.

Cristo na cruz, clamando "Tenho sede", diz-nos que Ele se posta à porta de nosso coração, dia e noite. Mesmo quando não o escutamos, e duvidamos que seja Ele, ali Ele está. Espera de nossa parte o menor sinal, a mais imperceptível resposta, que lhe permita entrar.

Cada vez que o convidamos, Ele vem, sempre, sem a menor hesitação. Vem silenciosamente e sem que o saibamos, mas com uma força e um amor infinitos. Traz os dons do Espírito Santo. Vem com a graça e com seu desejo de nos perdoar, de nos curar. Vem com um amor por nós que ultrapassa tudo o que podemos imaginar, o mesmo amor recebido de seu Pai, nosso Pai. "Como o Pai me amou, assim também Eu vos amei" (Jo 15,9). Vem com o desejo de nos consolar e de nos fazer mais fortes, de nos restabelecer e cicatrizar nossas feridas. Vem com sua força, para nos carregar nos ombros, Ele, o Bom Pastor, e para nos livrar de tudo o que nos esmaga. Vem com sua graça para agradar a nosso coração e transformar nossa vida. Oferece a nosso coração sua paz.

Conhece-nos perfeitamente. Contou os fios de cabelo de nossa cabeça. Nada, em nossa vida, lhe é indiferente. Coloca-se junto de nós a toda hora e nos ama constantemente, mesmo quando estamos desorientados e cometemos erros. Conhece cada um de nossos problemas, de nossas necessidades, cada um de nossos medos, cada um de nossos pecados. Mas, do alto da cruz, repete a cada um de nós: "Tenho sede de ti. Amo-te, não pelo que fizeste ou deixaste de fazer. Amo-te por ti mesmo, pela beleza e pela dignidade com que meu Pai te revestiu, fazendo-te semelhante à Trindade".

Quantas vezes nos esquecemos de nossa dignidade e cometemos o pecado. Mas Ele nos ama sempre, nos ama como somos. Derramou seu sangue por nós, um a um. Se lhe pedirmos com fé, sua graça mudará tudo o que for preciso mudar em nossa vida. Ele nos dará a força para nos libertarmos do pecado e de seus efeitos devastadores.

Ele conhece nosso coração, nossa solidão e nossa dor, nossas reações, nossos pensamentos e nossas humilhações. Suportou tudo isso antes de nós. Assumiu para si tudo isso por nós, a fim de que pudéssemos compartilhar com Ele seu poder e sua vitória. Conhece, em particular, nossa necessidade de amor e nossa necessidade de beber da fonte do amor e da consolação. Muitas vezes nossa sede foi inútil, aplacamo-la de maneira egoísta, matamos nossa sede com prazeres ilusórios e com o vazio ainda maior causado pelo pecado.

Temos sede de amor! Acolhamos o convite de Cristo na cruz, que nos diz: "Se alguém tem sede, venha a mim..." (Jo 7,37). Ele nos vai dar para beber uma água inesgotável, que nos saciará. Temos sede de amor! Ele nos ama mais do que podemos imaginar, a ponto de morrer por nós na cruz. Um cântico italiano diz: "Cristo al morir tendea, lasceretelo voi per altro amore?" – "Cristo quer morrer por amor; vós o deixareis por outro amor?" Ele tem sede de nosso amor. E seu jeito de nos dizer é:

> *"Tenho sede" de vós, de ti. Ele tem sede de nos amar e de ser amado. Para nos provar quanto lhe somos preciosos.*
> *"Tenho sede" de vós, de ti. É como se dissesse a cada um de nós: "Vem a mim e saciarei teu coração. Curarei tuas feridas. Farei de ti uma nova criatura. A paz te darei, mesmo que tenhas de passar por mil tormentos. A única coisa que tenho é sede de ti. Nunca duvides de minha graça, de meu desejo de perdoar-te, de abençoar-te, de viver minha vida contigo, todos os dias".*
> *Peçamos-lhe a cada dia que entre em nossa vida e dela tome conta. Ele o fará. Realizará milagres em nossa vida. E se lhe perguntássemos: "Por que, Senhor, deverias fazer isso por mim?", Ele nos responderia: "Porque tenho sede de ti".*

Tudo o que temos a fazer é pedir e nos entregar totalmente a Ele. O resto Ele o fará.

Depois, sempre, ele guarda o lugar que o Pai dos céus nos preparou em seu reino.

O importante é nos lembrar de que somos peregrinos nesta terra, a caminho de casa. O pecado nunca nos trará satisfação. O mal que fazemos não nos trará jamais a paz que procuramos. Tudo o que procuramos fora de Cristo nos deixa mais vazios que antes. Não vamos dar lugar privilegiado às coisas da terra.

Sobretudo não nos distanciemos muito dele quando caímos. Retornemos a Ele logo, sem hesitar. Quando lhe apresentamos nosso pecado, nosso sofrimento, Ele nos confirma de novo em seu amor. Damos-lhe a alegria de manifestar-se novamente a nós como nosso Salvador. Não existe nada que Ele não possa perdoar e curar. Vamos então até Ele e inclinemos nossas cabeças sobre seus joelhos, como seus irmãos menores.

Pouco importa o quanto estamos longe dele, o quanto o tivemos esquecido. Ele tem sede de nós, sempre. De nós, como somos. Não é necessário que mudemos para acreditar em seu amor. Seu amor é que nos mudará. Ainda que o esqueçamos, Ele não se esquece de nós. Se nosso coração nos condena, seu coração é maior que o nosso. Ele está à porta e bate; se lhe abrirmos, ele tomará a refeição conosco e nós com Ele (cf. Ap 3,20).

Vocês devem estar totalmente presas a Jesus, que nada nem ninguém possa separá-las dele.

Jesus, vinde a meu coração. Orai em mim e comigo para que eu aprenda de vós como orar, como rezar.

Jesus, Filho de Deus Vivo, que viveis em meu coração, tende piedade de mim, pecadora.

Terceiro dia

ORAR É CONTEMPLAR CRISTO NA EUCARISTIA

Falando a suas irmãs, um dia Madre Teresa lhes disse:

> *Matamos a sede de Cristo adorando-o na eucaristia, encontrando-nos com Ele pessoalmente, face a face. Renovem seu zelo em matar a sede dele sob as espécies do pão e sob as aparências dolorosas dos pobres. Nunca separem estas duas palavras de Cristo: "Tenho sede" e "É a mim que fizestes".*

Com esse ensinamento, educava as Missionárias da Caridade a ver Cristo na eucaristia e a tocá-lo nos corpos dos doentes e dos pobres. Um dia, eu conversava com uma das missionárias que, com 61 anos de idade, deixara a congregação religiosa em que era superiora provincial para seguir Madre Teresa. Essa religiosa me descreveu a infinita atenção e o cuidado da Madre, que lhe dissera que ficasse em Calcutá no inverno, para que o impacto do clima não lhe fosse muito duro. Durante os primeiros dias de estada dessa religiosa na casa-mãe, Madre Teresa a acompanhava muito particularmente; foi assim que essa nova irmã, de idade avançada, pôde aprender o espírito da congregação para a qual queria entrar a fim de seguir a Cristo. Somente depois de um mês, foi enviada à casa dos moribundos para ajudar em sua assistência. Encarregaram-na de dar banho em um deles. Levou-o a um dos quartos da casa onde estava escrito na parede: "Este é meu corpo" e pôs-se a banhar esse homem moribundo. Quando terminou seu serviço de caridade, a irmã voltou ao convento. Suas coirmãs lhe perguntaram: "Que você fez hoje?" Sua resposta foi: "Fiquei duas horas com Jesus".

Essa irmã aprendeu muito bem a lição de Madre Teresa que, no contato com Jesus na eucaristia, recebeu graças extraordinárias e força necessária para seguir a Cristo naquilo que lhe era exigido.

Sempre em seus contatos com as irmãs, Madre Teresa ensinava:

> *Jesus vem para cada uma de nós, em nossa vida, como "Pão da vida", para ser comido como quem tem sede e fome. Jesus fica sozinho no sacrário; devemos amá-lo mais, mantermo-nos livres somente para Ele. Dizer-lhe muitas vezes: "Eu vos amo", ao cuidar de todos os que não são nem desejados nem amados, que estão sós... que são pobres. É assim que aplaco a sede de Jesus pelos outros, dando-lhe amor através de ações. Através de cada gesto que realizo pelo doente e pelo moribundo, eu mitigo a sede de amor de Jesus. Se amarem de verdade a Jesus na eucaristia, vão desejar*

espontaneamente transformar esse amor em ação. É impossível separar estas duas realidades: a eucaristia e o pobre.

Mas para orar, para contemplar Cristo, é necessário o silêncio. Madre Teresa costumava dizer: *"As almas que rezam são almas profundamente envolvidas pelo silêncio"*. Pense em Oseias (2,16): "Eu a conduzirei ao deserto e lhe falarei ao coração". Deus é amigo do silêncio. Ele diz: "Larguem as armas! Reconheçam que Eu sou Deus!" (Sl 46,11). Exige que vivamos no silêncio para que o descubramos. É no silêncio do coração que Deus nos fala.

Jesus passou quarenta dias em silêncio, no deserto, antes de começar sua vida pública. Retirava-se com frequência para ficar só e passava a noite na montanha em silêncio e oração. Ele, que falava com autoridade, passou trinta anos de sua vida em silêncio.

A palavra de Deus é, hoje, sem palavras. Na eucaristia, seu silêncio é o mais alto e verdadeiro louvor dirigido ao Pai. Ele é a adoração de Deus.

Precisamos do silêncio para estar a sós com Deus, para falar com Ele, escutá-lo, para guardar em nossos corações sua palavra. Precisamos estar a sós com Deus no silêncio para sermos renovados e transformados. O silêncio nos dá uma nova visão de vida. No silêncio somos repletos da energia de Deus, que nos permite fazer tudo com alegria.

O silêncio é a base de nossa união com Deus e com nosso próximo. *"O fruto do silêncio é a oração; o fruto da oração é a fé; o fruto da fé é o amor; o fruto do amor é o serviço e o fruto do serviço é a paz."*

"Há um silêncio exterior, feito de atmosfera de paz, que facilita a oração, o trabalho, o estudo e o repouso." Para consegui-lo, é preciso evitar falar coisas inúteis, é preciso saber escutar com paciência, sem monopolizar a conversa.

"E há um silêncio interior." Para encontrá-lo e nele permanecer, é preciso:

> *O silêncio dos olhos, procurando sempre a beleza e a bondade de Deus em toda a parte; fechando os olhos para os erros dos outros e principalmente para o que não tem sentido e perturba nossa alma, porque "um coração puro vê a Deus".*
>
> *O silêncio dos ouvidos, escutando sempre a voz de Deus e o grito do pobre e do fraco, fechando nossos ouvidos a todas as outras vozes, que provêm do maligno ou da fragilidade da natureza humana – por exemplo, as fofocas, as palavras não caridosas.*
>
> *O silêncio da língua, louvando ao Senhor e proclamando a Palavra de Deus, que é verdade, que esclarece e inspira; trazendo a paz, a esperança e a alegria e, abstendo-se de toda autodefesa, de toda crítica e de toda palavra que possa causar dor e tristeza.*
>
> *O silêncio do espírito, abrindo-o ao conhecimento de Deus na oração e na contemplação,*

como fez a Virgem Maria, que guardava em seu coração as maravilhas de Deus, e fechando nosso espírito a todas as mentiras, distrações, pensamentos de morte, desejos de vingança.

O silêncio do coração, amando a Deus de todo o nosso coração, com toda a nossa alma, com todo o nosso espírito, amando aos outros como Deus os ama, desejando somente a Deus e fugindo de todo o egoísmo, ódio, inveja e ciúme.

Assim a oração será um verdadeiro encontro com Deus, em um colóquio em que lhe daremos nosso coração com todo o amor que ele contém. Nossas palavras, pronunciadas no silêncio, serão criadoras. Criarão para nós um mundo parecido com o de Deus, porque, através do amor que lhe vamos querer dar, seu mundo será o nosso.

Seu espírito criará para nós tudo o que nossa palavra lhe pedir, com amor e em nome de seu amor. Seu pensamento virá habitar o nosso, a fim de que nos indique tudo o que pensa e deseja.

A luz de seus olhos se refletirá em nossos olhos. Seu olhar, posto em nós, colocar-se-á em toda a parte onde encontraremos o reflexo de sua luz. E onde sua luz estiver ausente, será preciso aumentar a intensidade da nossa. A intensidade da nossa aumentará à medida que aumentar o fervor das orações que lhe dirigirmos. O fervor aumenta seu amor por nós e intensificará mais a luz em nosso olhar. Poderemos ver na escuridão e iluminar os outros.

A palavra que se torna oração se faz dom de amor. No dom do amor, nossa palavra humana torna-se criadora. Como na missa, em que o padre une o trabalho do homem, o pão e o vinho, à caridade de Deus e temos então a eucaristia, o novo alimento e bebida que dão a vida, agora e por toda a eternidade.

Ó Jesus, em união com todas as missas oferecidas no mundo católico, ofereço-vos meu coração. Fazei-o doce e humilde como o vosso.

Jesus, creio, no íntimo de meu coração, em vosso fiel amor por mim. Eu vos amo.

Aceitai, Senhor, agora e a cada instante de minha vida, a oferenda de todos os meus pensamentos, de todas as minhas ações; aceitai minhas alegrias e minhas dores. Infundi em mim o espírito de oração, a fidelidade, a abnegação e a caridade. Ajudai-me com a graça de viver em comunhão convosco e com minhas irmãs e de ser nutrida com vosso santo amor, para que possa possuir-vos por toda a eternidade no céu.

Quarto dia

SEGUIR A CRISTO CONFORME O ESPÍRITO DE MADRE TERESA

Aproveitemos todo o momento para amar melhor a Jesus, não imaginariamente, mas tendo para com Ele um amor intenso.

Com que espírito podemos crescer no amor a Cristo? Como segui-lo com o estilo próprio de Madre Teresa? A resposta, parece-me, pode ser esta: Aprendendo com ela seu espírito e o espírito da congregação que ela fundou.

Ela mesma escrevia:

O espírito de nossa congregação é feito:
– de confiança amorosa,
– de entrega total,
– e de alegria, semelhante à que viveram Jesus e Maria.

Cristo teve uma confiança inabalável no Pai. Sua confiança era fruto de seu conhecimento íntimo e de seu amor profundo pelo Pai. Acreditava com inteira confiança que o Pai levaria à plena realização seu projeto de salvação, apesar da pobreza dos meios empregados e apesar do aparente fracasso.

Maria também demonstrou sua total confiança em Deus, aceitando ser instrumento do plano da redenção, apesar de sua pequenez. Sabia, de fato, que o Poderoso podia realizar grandes coisas nela e por ela.

Olhemos esses exemplos com a ajuda de Madre Teresa e cultivemos em nós a confiança amorosa em Deus, sabendo que devemos fazer crescer nossa confiança:

> – *em sua onipotência, em sua infinita sabedoria e em seu amor que nunca acaba;*
> – *na realidade de Cristo, Filho de Deus feito homem, e na verdade de seu ensinamento;*
> – *no poder do Espírito Santo, que nos pode transformar em Cristo num total esquecimento de nós mesmos, "para mim, viver é Cristo", dizia São Paulo;*
> – *na ternura infinita e cheia de solicitude de Deus para conosco.*

Devemos viver essa entrega total como Cristo a viveu na cruz, quando exclamou: "Em tuas mãos entrego (abandono) meu espírito"; como Maria, quando disse: "Eis aqui a serva do Senhor. Faça-se em mim segundo tua palavra" (Lc 1,38). Como Madre Teresa, que escrevia:

> *Somente a vós pertenço, Jesus.*
>
> *Obrigado, meu Deus, quero ser pobre, quero ser obediente.*

Meu Deus, vou oferecer-vos um serviço prestado com todo o meu coração, sem nada pedir, qualquer que seja a forma como me apresentardes.

Pai eterno, ofereço-vos Jesus, vosso Filho muito amado, e com Ele me ofereço para a maior glória de vosso nome e para a salvação das almas.

O amor puro e desinteressado é algo incompreensível para muitos, porque o caráter desinteressado do amor, a entrega, o espírito de oração mergulham a vontade numa indiferença, que nos poderia fazer esquecer da distinção entre o bem e o mal, e numa passividade, que seria um risco capaz de deixarmo-nos afastar da ação. Entretanto, o extremo oposto seria nos deixar tomar pelo ativismo, pelo cálculo e pela eficiência, esquecendo-nos de imprimir sentido a nossas próprias ações. O amor autêntico é uma virtude que nos conduz ao bem. A caridade é a retidão do coração, a virtude que inclina o homem para o bem. Uma ação não pode ser definida como boa, se não é levada à perfeição pela caridade. Cumpre-se a lei quando se faz tudo por amor e para o amor (cf. Rm 13,8).

O verdadeiro amor é a generosidade, a doação de si mesmo. É preciso dar crédito ao amor e aceitar que a entrega é uma maneira essencial de ser. Essa confiança é própria de quem ama e de quem, por um juramento, por um voto, confere um sentido infinito ao efêmero de seu sentimento.

O amor perfeito consiste em uma entrega incondicional de si... O conteúdo de todo o amor verdadeiro é o ato de entrega de si mesmo, que coloca à disposição de Deus tudo o que possui, oferecendo-o em forma de um voto pessoal. Foi o que Madre Teresa expressou através desse ensinamento, que passava a suas filhas:

> *O verdadeiro amor é a entrega. A entrega, para quem quer que ame, é mais que um dever, é uma felicidade. Uma Missionária da Caridade só pode satisfazer seu ardente desejo numa entrega total.*

A exemplo de Madre Teresa, devemos aumentar em nós a fé, viver nosso amor com essa mesma entrega à vontade de Deus. Madre Teresa aceitou plenamente o que Deus queria que ela fosse até o mais profundo de seu ser.

Façamos um exame de consciência muito simples, mas sério, e nos perguntemos: aceitamos plenamente o que somos, o que devemos ser, seguindo aquilo que, por sua Providência, Deus nos aponta dia após dia?

É por aí que devemos começar. O verdadeiro problema é que não somos capazes de aceitar que nossos defeitos nos prejudicam, impõem-nos limites e que, tanto nas maiores como nas menores dificuldades, bloqueiam ou distorcem nossas relações com os outros. E não há dúvida de que todos temos dificuldades, em determinados momentos, de aceitar com confiança nossa condição humana e de nos abandonar nas mãos de Deus. A entrega filial e plena de amor a Deus, que é cheio de ternura para conosco, é contrária ao sentimento de acharmos que nada valemos aos olhos de Deus. A sucessão no tempo de um número indefinido de seres humanos – milhares –, a convicção de ser um pequeno indivíduo entre tantos outros que nos precederam e que nos seguirão: tudo isso nos faz perder a confiança de que somos "alguém" para Deus.

Madre Teresa, por sua vida dedicada a Deus e compartilhada com os pobres, mostra a que ponto estava consciente de que ela era mais que um resultado cego de um nascimento biológico. Tinha consciência de ter recebido tudo de Deus e é dessa confiança que decorre sua atitude de entrega e gratidão.

Era reconhecida por ter recebido o dom da vida, por ter recebido de Deus sua vocação, por ter recebido, como dom, o próprio Deus.

Escreveu:

> *Um dia, logo depois de uma santa comunhão, ouvi a mesma voz de modo muito distinto: "Quero irmãs indianas, vítimas de meu amor, que serão Maria e Marta, que serão tão unidas que irradiarão meu amor sobre as almas. Quero irmãs livres, revestidas pela pobreza de minha cruz. Quero irmãs obedientes, imbuídas de respeito por minha cruz. Quero irmãs cheias de amor, envolvidas pela caridade da cruz. Vais me recusar isso?"*

Outro dia:

"Tu te fizeste minha esposa por meu amor. Vieste à Índia por mim. A sede que tinhas pelas almas te trouxe para tão longe. Tens medo de tomar outras medidas por teu Esposo, por mim, pelas almas? Tua generosidade se desfez? Estou em segundo plano para ti? Não estás morta para as almas? Eis porque tanto te faz saber ou não o que elas se tornam. Teu coração nunca se encheu de tristeza como o de minha Mãe. Nós dois, tudo demos pelas almas, e tu? Tens medo de perder a vocação, de tornar-te secular, de falhar na perseverança. Não – tua vocação é amar e sofrer e salvar as almas; fazendo isso, encherás meu coração de desejo por ti. É tua vocação. Vestirás roupas simples, à moda indiana, ou como minha Mãe se vestia, com simplicidade e pobreza. Teu hábito atual é santo porque representa meu símbolo, teu sári se tornará santo porque será meu símbolo".

Por seu "sim", dado como total entrega a Cristo e a sua Providência, Madre Teresa viveu uma aceitação doada na paz. É sempre impressionante ver sua coragem tranquila, que não é uma coragem física, inspirada no fato de se sentir capaz de tudo. Foi lhe dada essa coragem espiritual, cheia de paz, porque toda a sua vida era guiada pela fé e pelo amor a Cristo.

Quinto dia

A ALEGRIA

A melhor maneira de provar nossa gratidão a Deus e aos outros é aceitar tudo com alegria.

"*A alegria é oração*"; que seja o sinal de nossa generosidade, de nosso altruísmo, de nossa amizade com Cristo.

A alegria é amor: um coração feliz, alegre, é o resultado normal de um coração que arde de amor, porque é preciso doar o quanto é possível com alegria, e "Deus ama quem dá com alegria" (2Cor 9,7).

A alegria é uma rede de amor que envolve: preguemos com alegria, não com palavras, mas com atos.

A alegria é nossa força (cf. Ne 8,10); vivamos então uma vida pobre, usemos das coisas como Cristo usava, com uma confiança alegre; imitemos a pureza de Maria, causa de nossa alegria.

Ela que foi Mãe, sendo virgem. Ela que, em toda a sua existência pura, autêntica, soube olhar as pessoas com visão clara, límpida, como a de seu Filho; ela, que soube acolher as pessoas como seu Filho as acolheu, não para se apossar delas, mas para lhes dar a verdadeira vida feliz, a vida que propicia alegria aos homens.

Quando descobri, pela primeira vez, que o espírito de Madre Teresa não era feito apenas de confiança amorosa, de entrega total, mas também de alegria, fiquei surpreso. Sim, fiquei surpreso ao descobrir a alegria!

Depois, encontrando-me com esta santa mulher e suas irmãs, vi seu sorriso e o delas; vi sua alegria e a delas, uma alegria que compartilhavam ao dar alimentos, roupas, abrigo, mas principalmente ao se doar alegremente a Deus, dispondo-se com ternura ao serviço dos pobres. Compreendi então melhor por que o Evangelho é a jubilosa verdade que se comunica através da alegria.

Uma das frases de Madre Teresa, que nesse aspecto me impressionou, foi: *"Não deixem que nenhuma tristeza, por maior que seja, faça vocês se esquecerem de que Cristo ressuscitou"*. Perguntei-me então: "Como posso ser triste a ponto de esquecer que o Cristo é a vida que triunfa sobre a morte?" E a resposta que me dei de como não ser triste foi: "Vivendo na gratidão, reconhecendo sempre mais que estou no Cristo, que lhe pertenço como o ramo pertence ao tronco da videira. Então poderei viver e dar frutos". Depois, para expressar essa gratidão, comecei a experimentar a viver a gratuidade, com a maior constância possível.

Desde o momento em que, há mais de vinte anos, isso se me fez mais claro, comecei a frequentar regularmente a "Casa da Alegria", casa que João XXIII doou a Madre Teresa para que fizesse dela um lugar de acolhida para jovens mães, as mais pobres das pobres. O nome da casa me pareceu logo de início fora de propósito. Depois, à medida que ali eu ia para celebrar a missa, para ensinar o catecismo às mães que desejavam batizar seus filhos, ou então que iam para buscar pão, leite, roupas e outras tantas coisas mais ou menos importantes, compreendi que esse nome fora muito bem escolhido. Ia uma vez por semana e, muitas vezes, duas a este bairro pobre de Roma chamado Primavalle. Ia à "Casa da Alegria"; sem dúvida eu era útil ao levar todo o meu ser junto com os vários objetos que tinha no carro. Minha maior utilidade, porém, era que eu lhes levava o Cristo; dava-lhes a oportunidade de elas experimentar ser amadas de forma desinteressada, o que lhes proporcionava a alegria. Então, pouco a pouco, compreendiam que esse amor que recebiam vinha de Deus.

Levei, sem dúvida, ajuda e alegria a essa casa, mas recebi muito mais ainda. Nunca saí da "Casa da Alegria" sem trazer comigo a alegria; a alegria de ter feito algo de bom e útil, algo que, uma vez depositado nas mãos de Deus, poderia durar no presente e perdurar pela eternidade.

A alegria é um verdadeiro dom do Espírito Santo e um sinal característico do reino de Deus; um dom que Cristo nos concede, como prometeu, fazendo com que encontremos o cêntuplo nesta terra.

Deus é alegria. Cristo queria dividir sua alegria com seus apóstolos: "Que minha alegria esteja em vós e que vossa alegria seja completa" (Jo 15,11). Viver na alegria e educar para a alegria eram, para Madre Teresa, a maneira de viver Cristo e de servi-lo no próximo a quem ela ajudava. *"Uma irmã cheia de alegria é como o brilhante sol do amor de Deus, a esperança da bondade eterna, a chama de um amor ardente."*

A alegria de sermos cristãos, estreitamente unidos à Igreja, em estado de graça, pode realmente satisfazer plenamente nossos corações humanos. Não seria este profundo contentamento que confere um tom exaltado às palavras no Memorial de Pascal: "Alegria, alegria, alegria, lágrimas de alegria"? Quantos escritores souberam exprimir em termos eloquentes esta alegria evangélica dos humildes – lembro, por exemplo, Georges Bernanos –, uma alegria que transparece por toda a parte, num mundo onde se discute o silêncio de Deus. A alegria provém sempre de certo olhar sobre o homem e sobre Deus: "se teu olho for transparente, ficarás todo cheio de luz" (Mt 6,22). Pelo ensinamento que Madre Teresa nos oferece, podemos tocar com o dedo a dimensão original e inalienável da pessoa humana: sua vocação para o bem passa pelos caminhos do conhecimento e do amor, da contemplação e da ação.

Madre Teresa escrevia a suas irmãs:

> *A alegria é uma rede amorosa, com a qual podemos envolver e cativar as almas. Uma irmã cheia de alegria prega sem pregar. Para nós, a alegria é uma necessidade e um poder, até do ponto de vista físico, porque nos torna mais dispostas a sair para ir fazer o bem.*

Podemos também, graças à caridade vivida na alegria, ver o que há de melhor na alma de nossos irmãos e perceber a presença divina, contida no coração do homem.

O ensinamento, segundo esse modo de ver, não é somente uma lição que se tira da psicologia. É também o fruto do Espírito Santo. Esse Espírito, que habita em plenitude a pessoa de Cristo, fez com que ela fosse atenta, durante toda a sua vida terrena, às alegrias da vida diária e lhe deu essa infinita delicadeza e esse dom de persuasão que recolocava os pecadores no caminho do rejuvenescimento do coração e do espírito. Esse mesmo Espírito foi quem animou a Virgem Maria e Madre Teresa. Esse mesmo Espírito que dá hoje a tantos cristãos a alegria de viver sua própria vocação numa paz e numa esperança que lhes permitem superar as desilusões e os sofrimentos. É o Espírito que, hoje ainda, guia os passos de numerosos discípulos de Cristo no caminho da oração, na alegria de um louvor filial. Guia-os, como guiou Madre Teresa, no serviço humilde e alegre em favor dos deserdados, dos abandonados à própria sorte, dos mais pobres dentre os pobres da sociedade.

Por isso, a alegria não pode estar separada da participação, da partilha, as quais podemos experimentar mesmo que vivamos na mais extrema pobreza. Vejam um exemplo significativo:

> *Um dia, um mendigo aproximou-se de mim,* conta Madre Teresa, *e me disse: "Todo o mundo lhe dá alguma coisa. Também lhe quero dar algo". E me ofereceu dez piastras. Se aceitasse o dinheiro, ele não teria com que comer, mas se não o aceitasse, o deixaria infeliz. Aceitei. E senti, no íntimo, que esse presente tinha muito mais valor que o prêmio Nobel, porque ele havia dado tudo o que possuía. Vi, estampada em seu semblante, a alegria de dar.*

Quando a Virgem Maria disse seu "sim", seu "Amém", fez-se o milagre dos milagres, pelo qual fomos salvos.

Mas quem fez esse milagre, que se iniciou sob a forma de um minúsculo ser no seio dessa jovem mulher? Quem pode fazer continuar esse milagre em cada um de nós, em mim, em todos nós? O Espírito Santo. Só o Espírito Santo, que satisfaz plenamente nosso coração, pode mudar nossa vida em alegria e nos fazer cantar *"Regina Caeli, laetare, allelluia"*

(Rainha do céu, alegrai-vos, aleluia, aleluia), mesmo nesse mundo, onde milhões de seres humanos sofrem.

A exemplo de Maria, Madre Teresa disse seu "sim" e a alegria de Deus a acompanhou em sua trajetória no mundo. Sua vida, como a de tantos santos que a precederam, mostra que a alegria de Deus bate à porta dos sofrimentos físicos e morais dos homens, claro!, não para zombar deles, mas para realizar neles sua paradoxal obra de transfiguração. É esta a nova presença de Cristo ressuscitado que se irradia do semblante de Madre Teresa.

Ela nos oferece a alegria da verdade personificada, do Amor imolado, da esperança partilhada nos passos de Cristo que percorre o mundo, Ele, o primeiro e o maior dos samaritanos.

Sexto dia

MARIA

Se permanecemos ao lado de Nossa Senhora, ela nos dará seu espírito de confiança amorosa, de entrega total e de alegria.

Nossa congregação nasceu a pedido da Virgem Maria e se desenvolveu graças a sua intercessão.

Nos dois capítulos anteriores, rezamos meditando o espírito de Madre Teresa. Continuemos nossa meditação contemplando a Virgem Maria, padroeira das Missionárias da Caridade, cujo espírito Madre Teresa procurou imitar, vivendo a confiança amorosa em Deus, a entrega total a Ele e a alegria.

Desde o início de seu trabalho com os pobres, a graça da inspiração, recebida em 10 de setembro, despertou em Madre Teresa um "espírito" mariano particular; espírito que se tornou patrimônio comum das Missionárias.

Esse espírito foi por sua vez o resultado e o conteúdo da resposta de Madre Teresa ao encontro com Cristo, acompanhado pela Virgem Maria, e com seu ardente amor que manifestava a ela e lhe era ofertado através de sua fé. Chamada a matar a sede de Cristo, essa jovem mulher, que havia se tornado indiana entre os indianos, colocou-se sob a proteção de Maria: *"Coração Imaculado de Maria, causa de nossa alegria, abençoai vossas irmãs Missionárias da Caridade".*

A fim de atingir seu objetivo e o da congregação que fundara, Madre Teresa escolheu como patrona Maria Imaculada, a rainha do céu. Uma mãe que ela não queria apenas venerar. Uma mãe, para junto de quem é bom correr para levar-lhe as alegrias e as dores, com a ingênua confiança de filha.

Tinha por hábito recitar uma belíssima oração de São Bernardo de Claraval, que se encontra em seu livro de orações: "Lembrai-vos, misericordiosíssima Virgem Maria, que nunca se ouviu dizer que alguém que tenha recorrido a vossa proteção, implorado vosso socorro e pedido vosso auxílio, tenha sido por vós abandonado. Animada por igual confiança, ó Virgem das virgens, nossa Mãe, apresso-me em refugiar-me junto a vós e, gemendo sob o peso de meus pecados, ajoelho-me a vossos pés. Ó Mãe do Verbo Encarnado, não desprezeis minhas humildes preces, mas as escutai favoravelmente e concedei-me alcançá-las".

Ela própria escrevia:

Maria, Mãe de Jesus e minha Mãe,
fostes a primeira a ouvir o clamor de Jesus:
"Tenho sede"; sabeis o quanto é verdadeiro e
profundo o desejo dele por mim e pelos pobres.
Sou vossa.

*Maria, minha Mãe, tomai-me, conduzi-me
face a face com o amor
do coração de Jesus Crucificado. Com vossa
ajuda, ouvirei o clamor da sede de Jesus,
que será para mim uma Palavra de Vida.
Estando junto de vós, vou dar a Jesus
meu coração e vou dar-lhe a possibilidade
de me amar, e serei assim a causa de vossa
alegria e, desse modo, vou matar a sede de
Jesus, sua sede de amor pelos homens. Amém.*

Madre Teresa tomou-a como sua Mãe. Desenvolveu-se à luz dos ensinamentos da Virgem Maria. A exemplo dela, a grandeza de coração que alcançou foi também uma dura peregrinação pelos caminhos imprevisíveis do dia a dia, pelas montanhas da alegria e pelos vales escuros do sofrimento... Nessa humilde caminhada pelo cotidiano da vida, conduzida por Maria, continuou a aplacar a sede de Cristo. Subiu com Cristo ao alto do Calvário e fez irradiar a alegria da ressurreição.

A Virgem a fez participar de sua força, de seu amor que, desde Nazaré, foi mais forte que a morte. Ela lhe revelou o segredo de seu coração: a fé, o humilde consentimento do coração, a abertura ao amor, o dom de si ao Espírito que fecunda.

Para percorrermos nós também esse caminho de santidade, deveríamos nos perguntar: "Meu coração está aberto ao Espírito? Meu coração tem fé? É um vaso no qual o Cristo Ressuscitado poderia derramar seu Espírito?" O que nos leva a perguntar: "A Mãe de Jesus é como eu? Podemos ousar responder "sim", se cada um de nós pedir a Virgem: "Criai em mim um coração doce e humilde, que ame sem exigir ser amado em troca... feliz por fundir-se em outro coração e por sacrificar-se junto de seu divino Filho" (Grandmaison).

Para poder fazer essa pergunta com toda a franqueza e para ser como Maria, Madre Teresa cultivou uma devoção mariana profunda que também ensinou aos outros. Escrevia:

> *Por todo o trabalho que fazemos para Jesus e, em Jesus, vamos pedir-lhe que faça com que seja profundo nosso amor a sua Mãe, que o faça muito pessoal e muito íntimo,*
> *– a fim de a amarmos como Ele a ama;*
> *– a fim de compartilhar tudo com Ela até à cruz, como Ele o fez, quando Maria estava de pé junto à cruz, no Calvário;*
> *– e a fim de ser para Ela causa de alegria, como Ele foi para ela.*

E, prática como era, dirigindo-se a suas irmãs, acrescentava:

> *Não se aprende a amar a Virgem Maria só de joelhos recitando o terço... Minhas filhas, demos a Maria inteira liberdade de se servir de nós para a glória de seu Filho, porque, se lhe pertencemos*

> *de verdade, então nossa santidade não deixa nenhuma dúvida. Melhoremos a recitação do rosário, em particular, quando andamos pelas ruas. Peçamos, com simplicidade, a Maria que nos ensine a rezar como ensinou a Jesus, durante todo o tempo em que esteve com Ele, em Nazaré... Tentem ser portadoras de Maria em toda a sua vida, tanto na comunidade como nas casas dos pobres.*

Como se pode observar nessa citação, para Madre Teresa a coincidência entre seu espírito e o de Maria é clara, pois tanto para uma como para outra a amorosa confiança, a entrega total e a alegria são a tríplice resposta à experiência de se saber amada.

Podemos encontrar certo paralelismo nessa resposta, no plano da vida humana. Tomemos, como exemplo, alguém que tivesse vivido uma infância realmente feliz, cercada pelo amor de seus pais. Se lhe peço para descrever sua infância, responderá de imediato que se sentiu amado. E como teria reagido a esse amor? Sem pensar muito, diria que confiava espontaneamente em seus pais. Tinha inteira confiança neles, sentia-se seguro de que velavam por ele. Não tinha dúvida de que era totalmente aceito e se deixava conduzir inteiramente por eles para qualquer lugar aonde fossem e em tudo o que fizessem. Estava cheio de uma alegria que o levava a partilhá-la espontaneamente com os outros.

É através do dom do espírito da Congregação que Nossa Senhora nos abre concretamente seu coração.

Maria, Mãe muito amada, dai-me vosso coração tão bom, tão puro, tão imaculado, tão repleto de amor e de humildade, para que possa receber Jesus, como vós, e, com dedicação, levá-lo aos outros.

A perfeição de Maria foi ser Mãe até a perfeição. No céu também ela é eminentemente Mãe. Não há, no cumprimento de seu destino, nem desproporção, nem desequilíbrio, mas uma unidade harmoniosa: ela é simplesmente a Mãe de Jesus. Não fez outra coisa na vida, não se dedicou a nenhuma outra tarefa. Ora, a perfeição de uma mãe é, depois de educar seu filho, saber desprender-se dele, depois que se tornou adulto, para não lhe prejudicar a liberdade na realização de sua vocação. Como é sabido, Maria não deixou seu Filho livre simplesmente; em Caná convidou-o também a antecipar sua hora. Ao pé da cruz, aceitou essa hora e participou da missão de seu Filho. E ali ainda foi Mãe até a perfeição, pois quando Jesus lhe diz: "Mulher, eis aí teu filho", repete seu "sim" nessa nova e dramática anunciação e torna-se mãe dos cristãos.

Por trás do véu do que pode parecer a expressão do afetuoso cuidado de Jesus por sua Mãe, que ficaria na solidão, esconde-se o mistério da Igreja, que assim é confiada a Maria como seu filho místico.

Sejamos reconhecidos a Madre Teresa por sua vida, e seu ensinamento nos fazer viver de modo muito intenso e profundo o fato de sermos filhos no Filho; por nos impelir a matar a sede de Cristo, fazendo converter a Ele o amor de todos aqueles que as diferentes formas de pobreza de vida mantêm excluídos.

Como Madre Teresa, coloquemos nossas vidas nas mãos de Maria, fonte viva de esperança, bondade e misericórdia. Acolhamos Maria entre nós e saberemos acolher seus outros filhos, nossos irmãos.

Pertençam inteiramente e somente a Cristo por meio de Maria – esta é a melhor maneira de matar a sede que Ele tem de nós.

Sétimo dia

MARIA E MADRE TERESA AO PÉ DA CRUZ

Minhas irmãs, não fico satisfeita vendo-as como boas irmãs apenas. Quero que se tornem santas. Quero que estejam junto de Cristo, com Maria, ao pé da cruz.

Maria compreendeu, melhor que ninguém, a sede de Cristo, porque estava ao pé da cruz.

Como vimos no capítulo anterior, Madre Teresa partilhou profundamente o espírito de Maria. Maria era, aos olhos dessa mulher proclamada bem-aventurada, em 19 de outubro de 2003, o modelo acabado de discípula do Senhor – e ela de fato é: construtora da cidade terrena e temporal, mas também peregrina decidida a caminho da cidade eterna do céu; promotora da justiça que liberta o oprimido e da caridade que vem para ajudar o infeliz, mas principalmente testemunho ativo do amor que constrói o Cristo nos corações.

Essa Missionária da Caridade aprendeu de Maria a ficar junto de Cristo na cruz, mesmo quando Cristo se esconde no pobre, no faminto, no abandonado, no doente. Ela estava sempre junto de Cristo. Não podia tirar sempre os espinhos que o faziam sofrer, mas lhe propiciava com certeza o conforto de uma presença cheia de caridade e de ternura.

Fiquemos com Maria ao pé da cruz, para ouvir a Jesus que clama: "Tenho sede", e, com ela, ofereçamos-lhe o cálice de nosso amor.

Com Madre Teresa, entremos na escola de Maria, deixemo-la que nos ensine a compartilhar plenamente com ela a paixão de Cristo, com todo o nosso coração.

A cruz não é somente um acontecimento doloroso; a cruz é onde Cristo mostrou seu amor infinito e, tocado por uma enorme compaixão, doou-se por nós.

Ficar junto de Cristo, ao pé da cruz, é transformar-nos em Cirineus para Ele e para nossos irmãos de humanidade. "Senhor, quando vos fizemos isso?" "Tudo o que fizestes ao menor de meus irmãos, foi a mim que fizestes" (Mt 25,37-40).

Mas é uma cruz muitas vezes esquecida, porque aparentemente banal. É a cruz que chega até nós através das circunstâncias do dia a dia, às quais contrapomos uma sutil revolta. Se olharmos a vida de Maria, desde a humilde casa de Nazaré até a humilhação do Calvário, vemos que ela aceitou ser mãe do Filho de Deus, e todo o resto foi consequência. Tudo foi perfeitamente conforme a lógica do amor dessa mãe e de sua vocação. Isso vale também para Madre Teresa, que assim se dirige à Virgem:

Maria, Mãe de Jesus, ensinai-me a amar Jesus como vós o amais.

Dai-me vosso coração tão bom, tão puro, tão imaculado, vosso coração tão repleto de amor e de humildade, a fim de que possa receber Jesus no Pão da Vida e amá-lo como o amais e servi-lo sob as aparências dolorosas dos pobres.

Maria, minha Mãe, sede para mim uma mãe. Dai-me a força, a convicção de que pertenço a Jesus e de que nada me pode separar dele.

Maria, obtende-me a pureza do coração – um coração livre do pecado. Maria, Mãe de Jesus, cobri-me com o manto de vossa pureza e conservai-me pura para Jesus somente. Que possa amar Jesus como vós o amais, não apenas hoje, nem só por um dia, mas todos os dias. Ensinai-me, como ensinastes a Jesus, a ser doce e humilde de coração e assim dar glória a nosso Pai. Silêncio de Maria, falai-me, ensinai-me como posso – convosco e como vós – guardar todas as coisas em meu coração, como vós; ensinai-me a não responder quando me acusam e quando me corrigem – como vós.

Dai-me vosso coração tão cheio de amor e de humildade, ajudai-me a ser pura como vós. Virgem como vós.

Maria, Mãe de Jesus, fazei que eu seja toda de Jesus.

Maria, Mãe de Jesus, ajudai-me a ser pura e humilde como vós, porque quero ser santa e agradável à Santíssima Trindade, como vós mesma fostes e assim sempre permaneceis.

Mas continuemos nossa reflexão. Para alguns de nós é um grande conforto pensar nela, porque pensamos nela como em qualquer pessoa de quem podemos imitar a fé, a confiança e a fidelidade para com Deus, diria: na humilde atenção ao instante presente. A exemplo de Maria, a quem Madre Teresa nos faz redescobrir, temos muito de aprender de Deus: aprender a sermos atentos ao instante presente, não precisamente em nós e para nós, dirigindo todo o nosso pensamento, mas estando humildemente abertos ao ensinamento que o Espírito Santo mantém escondido; disposto, porém, a revelar aos corações capazes de O escutar.

Além do mais, uma e outra, por amor a nós, renunciou à felicidade, pelo menos à felicidade imediata, para nos poder comunicar Cristo. Essa afirmação pode parecer paradoxal; tentarei explicá-la brevemente.

A Virgem ao renunciar a Cristo e nos aceitar como seus filhos. Não é o praticar este ensinamento de Cristo: "Quem quer me seguir, que tome sua cruz e me siga"? O que pode ser traduzido em termos mais positivos: Maria viveu a oferenda de si mesma. E isso de modo verdadeiramente sublime e maternal. Depois, então, quando o padre sobe ao altar para celebrar a missa que perpetua o sacrifício da cruz, a Virgem permanece junto dele, como se mantinha perto de Cristo.

Madre Teresa assim se mantinha perto de Cristo na cruz, e viveu o amor de Cristo por seus irmãos tão naturalmente que desperta a admiração e o desejo de imitá-la. Entre os numerosos episódios que marcaram sua vida, há um que recordo, porque, em sua simplicidade, me parece muito significativo.

No decorrer de uma de suas inumeráveis viagens pelo mundo para matar a sede de Cristo, ela se encontrava um dia em Roma e, como seu costume, hospedava-se na Casa de São Gregório Celestino, onde as Missionárias da Caridade tinham sua casa provincial para a Itália. Adjacente ao convento das irmãs – um antigo galpão – acha-se uma casa onde elas acolhem mendigos. São pobres homens que encontram ali abrigo, alimento e um sorriso cheio de amor, e onde se sentem, enfim, entre si amados como são. Ao final de um dia, como todos os outros, Madre Teresa estava para jantar com suas irmãs. Chegam, com um ligeiro atraso, as irmãs encarregadas da casa dos mendigos. Desculpam-se pelo atraso, dizendo que o motivo era que "Gino", o primeiro mendigo a ser recolhido nessa casa, havia morrido, depois de muitos anos vivendo ali desse jeito. A Madre provincial exclamou: "Ainda bem, Gino parou de sofrer. Ele está feliz".

Então, Madre Teresa voltou-se para a irmã que acabava de falar e perguntou: *"Você gostaria de morrer também?"* Tímida, a irmã provincial respondeu: "Infelizmente não tenho ainda uma fé suficientemente forte e profunda para ter inteira certeza do paraíso". Para surpresa de todas as irmãs que ali se encontravam, Madre Teresa replicou: *"Eu... não quero morrer já!"* Em seguida, sorrindo, diante do espanto das irmãs, acrescentou: *"Quero viver mais, porque devo ainda levar muitas almas para Cristo".* Ela renunciava ter de imediato, para si mesma, a alegria definitiva, para que um grande número de seus irmãos e irmãs terrenos pudesse desfrutar dessa alegria, graças a seu amor traduzido em ação.

Que o Senhor Jesus imprima seu jeito em nosso modo de viver, como o fez com Madre Teresa.

A Virgem Maria, que recebeu em seus braços Cristo descido do altar da cruz, ajude-nos a receber a Cristo vivo, descido do altar da missa, e a ter, pelo menos um pouco, de sua capacidade de adorar e de amar.

Adoremos Jesus no silêncio da eucaristia.

As almas que rezam são almas capazes de estar em silêncio.

Na realidade, existe uma única oração essencial: o próprio Cristo. Uma só voz que reúna todas as vozes que se elevam em oração.

Quanto é necessário rezar através do trabalho, a fim de que o trabalho se torne nosso amor a Deus em ações.

Oitavo dia

MADRE TERESA
E TERESINHA DE LISIEUX

Muitas vezes me sinto como um pobre lápis nas mãos de Deus. Ele é quem escreve, quem pensa, quem guia minhas mãos; eu... devo ser apenas o lápis.

"Se a tela pintada por um artista pudesse pensar e falar, certamente não se queixaria de ser retocada sem parar por um pincel, nem invejaria a sorte desse instrumento, porque saberia que a beleza de que é revestida não se deve ao pincel, mas ao artista que o maneja. De sua parte, o pincel não poderia vangloriar-se da obra-prima por ele feita; ele sabe que os artistas não se atrapalham, que não se importam com as dificuldades, e muitas vezes têm prazer em escolher instrumentos fracos e defeituosos... Minha querida Madre, sou um pequeno pincel que Jesus escolheu para pintar sua imagem nas almas que me confiaste" (Teresa de Lisieux, Manuscrit C, 20º, in *Obras completas*, Cerf-DDB 1992, p. 21).

Não é importante saber se Madre Teresa de Calcutá leu a "História de uma alma" para falar de si mesma nos termos com que descrevia irmã Teresinha. Importante e significativo é poder verificar a consonância dessas duas grandes mulheres, e de ver que Teresinha do Menino Jesus foi para a outra Teresa um modelo, por ter respondido a sua própria vocação com humildade; uma como outra consideravam-se fracos instrumentos nas mãos de Deus.

Se Deus quis de verdade um elo real entre essas duas santas, deve haver aí algo mais que ultrapassa o fato de um nome idêntico e de uma devoção que a Madre nutria pela outra Teresa.

O primeiro elo é que Madre Teresa não se contentou em admirar profundamente Teresa de Lisieux, mas a imitou. Escrevendo a propósito, a religiosa de Calcutá afirma: *"A Pequena Flor (do Carmelo) fazia as coisas rotineiras com amor extraordinário"*. E detalha, em seguida, seu pensamento:

> *O Senhor ama a humildade, a pequenez, as coisas simples. A Pequena Flor fazia as coisas rotineiras com amor extraordinário. Nada temos de grande para realizar; apenas pequenas coisas. Quando vocês fazem um trabalho de qualquer jeito, devem declará-lo na confissão, porque isso contraria o voto que professaram. Vocês devem ser sempre mais semelhantes à Virgem Maria. Uma Mãe simples em tudo, que lava e faz o trabalho de casa como qualquer mãe de família; assim, estarão matando a sede de Cristo.*

Quais são os fundamentos da "pequena via"? E quais são os fundamentos da vocação de Madre Teresa?

Como já lembrei no primeiro capítulo, a vocação de ser Missionária da Caridade tomou raízes em sua experiência de Cristo, sedento de seu amor, no trem que a transportava a Darjeeling. Era um chamado a estancar a sede daqueles entre os quais a sede era mais forte: os mais pobres entre os pobres. Todo o resto decorre dessa experiência. Para Madre Teresa, e para aqueles que seguem seu caminho, não há razão para ir até os bairros mais pobres, se não se estiver profundamente tocado por essa experiência e por essa convicção profunda de que Cristo tem sede de nosso amor, e se não se tem o desejo de matar sua sede onde Ele é o mais sedento: entre os pobres.

Qual a relação nisso com Teresa do Menino Jesus? Essa pequena-grande santa, em sua autobiografia, fala onze vezes da sede de Cristo. Com linguagem bem ao jeito da que Madre Teresa vai empregar anos mais tarde, ela fala dessa sede, que descreve como uma "sede de amor pelas almas".

Se, pela comparação que procuramos estabelecer entre as duas Teresas, convém verificar que Teresa de Lisieux fala de sua experiência pessoal da sede de Cristo; também é de todo significativo destacar em que momento de sua vida isso aconteceu.

Assim, ela mesma relata que essa experiência, que a acompanhou ao longo de toda a sua vida, aconteceu em 1886, após a graça do Natal do mesmo ano. "Senti, em uma palavra, a *caridade* entrar em meu coração, a necessidade de esquecer de me agradar, e desde então fui feliz! Um domingo, olhando uma estampa de Nosso Senhor na cruz, fui tocada pelo sangue que derramava de uma de suas mãos divinas, senti grande dó ao pensar que esse sangue caía na terra sem que ninguém corresse para recolher, e resolvi permanecer em espírito ao pé da cruz, para receber o orvalho divino que dali emanava, entendendo que deveria então espargi-lo sobre as almas... E desse modo o clamor de Jesus na cruz ressoava continuamente em meu coração: 'Tenho sede!' Essas palavras me causavam um ardor nunca sentido, e muito forte... Queria dar de beber a meu Bem-amado, e eu mesma me sentia consumida pela *sede* de *almas*..." (Manuscrito A, 45v., *op. cit.*, p. 143).

Teresa, a Pequena Flor, definia a experiência da sede de Cristo como o mais precioso dom e fonte de seu amor.

No início do Manuscrito B, Teresa de Lisieux fala da sede de Jesus e afirma que "Ele não precisa nada de nossas obras, mas somente de nosso amor, porque esse mesmo Deus, que declara não ter necessidade de nos dizer se tem fome, não temeu *mendigar* um pouco de água à samaritana. Ele tinha sede... mas dizendo: 'Dá-me de beber', era o *amor* de sua pobre criatura que o Criador do Universo reclamava. Tinha sede de amor" (Manuscrito B, 1v., *op. cit.*, p. 220-221).

Essa devia então ser a vocação para o amor. Teresa do Menino Jesus escrevia: "Minha vocação é o Amor!..., no coração da Igreja, Minha Mãe, serei o Amor..." (B, 3v., *op. cit.*, p. 226).

Como vemos, a experiência da sede de Jesus é comum às duas Irmãs: ambas receberam uma vocação para o amor, a vocação de ser o amor na Igreja, para o mundo inteiro. É tão evidente isso que uma foi proclamada padroeira das missões, mesmo não tendo jamais deixado um só dia seu mosteiro, e a outra é conhecida como Missionária da Caridade.

No coração da Igreja, elas são o amor. A grandeza de alguém não reside no fato de que fez ou vai fazer, mas no fato de ter vivido ou de viver com o desejo de que Cristo seja mitigado em sua sede, isto é, conhecido e amado pelo maior número possível de pessoas.

Pouco importa construir diques ou dar um simples copo de água, escrever livros ou dar aulas em uma cidadezinha do interior. O importante é fazer, sejam coisas pequenas ou grandes, mas conscientes de que, ao fazê-las, somos apenas o pincel ou o lápis do qual Deus se utiliza.

Por que a "pequena via" é tão importante para ambas as Teresas e para nós também? Para elas, não se tratava de seguir simplesmente uma via espiritual ou outra, de escolher um método ou outro para chegar a Deus. Tratava-se de seguir o

Evangelho na humildade das pequenas coisas do cotidiano. A exemplo da Virgem Maria, a exemplo de Cristo. Ele, verdadeiro Deus, que se fez homem nas entranhas de uma mulher. Formado em suas entranhas, ele começou a balbuciar ao querer falar; começou a surpreender as pessoas, a atraí-las; começou a falar a Zaqueu e à Samaritana. Terminou por perguntar a um homem se o amava. E, pela resposta desse homem, pôs-se a caminho para conquistar a história. Inaugurou uma nova história no mundo.

Pela resposta de Simão Pedro, por meio de seu "sim, Senhor, tu sabes que te amo", uma nova história começou a ser escrita em nossos tempos.

O Mistério, feito carne no ventre de uma jovem, comunica-se, dia após dia, ao longo da história dos séculos, através da Igreja e de seus santos. De santos ou santas, como Teresinha de Lisieux e Madre Teresa, que o fizeram de forma magnífica. Através também de santos, pequenos como nós; sim, santos, porque escolhidos por Cristo, apesar de nossas desobediências e fragilidades. Também nós fomos escolhidos pelo amor. Basta que digamos como Pedro: "Senhor, tu sabes que te amo".

No "sim" de Maria, como no "sim" de Pedro, no "sim" de Teresinha do Menino Jesus, no "sim" de Madre Teresa de Calcutá, existe um denominador comum: a humildade de se reconhecer que nada são, o fato de reconhecer que Deus é tudo, o fato de saber que foi dado àquele que crê o poder de viver para um objetivo útil, para uma função que não lhe pertence. É doando-se a esse objetivo útil (mitigar a sede de Cristo nas circunstâncias, grandes ou pequenas, do cotidiano) que reside o sentido da verdadeira vida, que lhe dá sabor, que faz com que valha verdadeiramente a pena ser vivida.

Na última carta de Madre Teresa (5 de setembro de 1997), que nem teve tempo de assinar, porque morreu nesse dia, temos uma brilhante prova da relação autêntica que unia as duas Teresas. Ao final dessa carta dirigida a suas irmãs, que ela se acostumara a chamar de "suas filhas", escrevia:

> *Este ano, cem anos depois de ter retornado para casa junto de Jesus, o Santo Padre declara a Pequena Flor Doutora da Igreja. Percebam: por ter feito pequenas coisas com amor extraordinário, a Igreja a declara Doutora, com o mesmo título de Santo Agostinho e da grande Teresa* (d'Ávila)! *É o que Jesus diz no Evangelho para quem se assenta no último lugar: "Meu amigo, venha mais para cima". Permaneçamos, pois, pequenas e sigamos o caminho da Pequena Flor, seu caminho de confiança e de amor, e cumpriremos a promessa de darmos santos e santas a nossa Mãe, a Igreja.*

Nono dia

A CONSAGRAÇÃO, UM ATO DE LIVRE COOPERAÇÃO COM DEUS

Darei santos à Igreja.

Deus quer que eu seja uma religiosa livre, que tome sobre si a pobreza da cruz. A pobreza dos pobres é dura, muitas vezes. A lembrança da vida que tinha no convento de Lorette chegou a me tentar... mas por livre escolha... meu Deus, por amor de ti, desejo ficar e fazer tua vontade, qualquer que seja. Dá-me a coragem, neste momento, de seguir teu chamado com perseverança.

Pelos votos, nós aplacamos a sede infinita de Cristo, trabalhando pela salvação e pela santificação dos mais pobres entre os pobres. Se vivemos realmente a vida de castidade, de pobreza e de obediência, e de serviço generoso para com os mais pobres dos pobres, poderemos aplacar a sede infinita de Deus para a salvação e santificação dos mais pobres dos pobres.

A capacidade de amar, colocada no coração dos homens por Deus, é o reflexo de seu amor, de seu ser íntimo, o sinal de nossa pertença a ele.

A consagração religiosa funda-se nos conselhos evangélicos, que decorrem do ensinamento e do exemplo de Cristo; é um dom que a Igreja recebeu do Senhor. É um dom oferecido a nossa liberdade.

De fato, consagrar-se a Ele não é alienar-se, mas reconhecer a verdade: a de nossa condição de criatura. Pois devemos tudo a Deus, incluídas a existência e a própria liberdade, que não é somente liberdade de escolha, mas capacidade de compartilhar o ser, a verdadeira vida. Assumir essa verdade é reconhecer Aquele que é o princípio – o começo – e o fim de nossa vida. É seguir a mesma intuição simples e profunda que, quando Cristo perguntou "Quereis também ir embora?", moveu Pedro a responder: "Mestre, para onde iremos, só vós tendes palavras de vida eterna", as palavras da verdadeira vida.

Consagrar-nos a Deus é descobrir a mais profunda realidade e a própria fonte de nossa liberdade muitas vezes tão escravizada pelas ilusões terrenas. É encontrar o caminho da única felicidade, a única coisa que conta nesse mundo e que conduz à eternidade.

Essa perspectiva pode parecer estranha àquele que está absorvido exclusivamente pelas vicissitudes do mundo e que leva sua vida como um animal efêmero, até a catástrofe final e inevitável que representa a morte.

O Criador convida todo ser humano a algo bem diferente. Convida-o, respeita a liberdade que lhe deu. Cada qual pode fazer o que quiser dessa liberdade, até voltá-la contra Deus e empregá-la num frenesi de pecados de toda espécie.

Consagrar-se na vida religiosa é aperfeiçoar nossa consagração batismal e expressá-la da forma mais plena, renunciando aos valores do mundo e aceitando os valores de Cristo como Ele os anunciou no Sermão da Montanha.

Livres para amar, livres para servir o amor: assim são os homens e as mulheres que renunciam a si mesmos pelo Reino dos Céus. Nos passos de Cristo, crucificado e ressuscitado, vivem essa liberdade como solidariedade, tomando sobre si o peso espiritual e material de seus irmãos.

O "serviço da caridade" é multiforme: exerce-se no claustro ou nos hospitais, nas paróquias e nas escolas, entre os pobres e os migrantes, nas novas regiões de missões. Sob mil formas, a vida consagrada é a manifestação de amor de Deus no mundo.

Madre Teresa vivia e era chamada a viver a vida consagrada para matar a sede de Cristo naqueles lugares/situações onde Ele tinha mais sede, onde mais esperados eram os préstimos de caridade, ou seja, entre os mais pobres entre os pobres.

Certos Padres da Igreja chamaram a esse caminho de "philocalia", quer dizer, amor da bondade divina, amor que irradia a bondade divina. Quem é aos poucos levado, pelo poder do Espírito Santo, a configurar-se inteiramente com Cristo, reflete sobre si mesmo um raio da luz inacessível; caminhando na terra, dirige-se à fonte inesgotável da luz. A vida consagrada torna-se assim uma expressão particularmente profunda da Igreja, que é Esposa. Ela, conduzida pelo Espírito Santo a reproduzir em si os traços do Esposo, comparece diante dele (Cristo) "esplêndida, sem mancha nem ruga, sem defeito algum, mas santa e sem qualquer reparo" (Ef 5,27). O próprio Espírito, longe de querer subtrair da história os homens que o Pai chamou, coloca-os a serviço de seus irmãos, conforme as modalidades de seu estado de vida, e os chama a cumprir com seus deveres em prol das necessidades da Igreja e do mundo, através dos carismas próprios de seus respectivos institutos. É assim que nascem as mais variadas formas de vida consagrada, e por elas a Igreja se faz "bela pelos vários dons de seus filhos, como uma esposa que se prepara para seu marido" (cf. Ap 21,2), e se vê provida de todos os meios necessários para realizar sua missão no mundo.

Dom na Igreja e pela Igreja, essa consagração é um sinal visível

> – *de sua aliança indefectível com Cristo, seu Esposo;*
> – *da santidade na perfeição da caridade. Pelo poder do Espírito Santo, que nos é comunicado pela liturgia e pelos sacramentos, somos chamados a irradiar no mundo a vida do Cristo;*
> – *dos sinais de sua missão, que se realiza na consagração de toda a nossa vida a um modo novo e especial de servir a Deus e a sua Igreja.*

Os que se consagram na vida religiosa são particularmente chamados a ser profetas. São a profecia no mundo, porque ser profeta significa falar em presença de todos (em grego: "pro-phèmi"), proclamar a todos que Cristo é tudo. E dizer que Cristo é tudo é ser profeta do futuro: porque se Cristo é tudo, que será de nossas grandes e pequenas traições de ontem e de hoje? A profecia, então, tende a mudar a vida de hoje, para que o inferno, o sem sentido do amanhã, não aconteça. Poderíamos fazer uma longa lista de profetas, mas, por ora, demos especial atenção a Madre Teresa e ao que escreveu:

> *Tenho amor por Ele e é por essa razão que faço os votos. Quando um casal se casa, dão-lhe um anel e um crucifixo. É o mesmo sinal que o anel. É o sinal de que são casados. Não há outro sinal; é porque devemos empregar o amor e a pureza. As mulheres bengalis colocam seu molho de chaves por debaixo de seu sári, que trazem sobre os ombros. É o sinal de que são casadas. Nós colocamos em nosso ombro nossa modesta cruz no lugar do molho de chaves.*

E isso ela mostrou não só por seus escritos, mas principalmente e, de modo expressivo, por sua vida. Nas grandes ocasiões, como nas pequenas. Nessas, creio que é justo citar um episódio que me contou Irmã Gertrudes. Essa religiosa foi uma das primeiras a seguir Madre Teresa e passou muitos anos com ela, entre outros motivos, porque é médica. E foi por isso que permaneceu junto a sua cabeceira nos últimos dias que precederam sua morte e a assistiu em sua agonia.

Em resumo, então, o episódio. Duas horas antes do nascimento de Madre Teresa para o céu, uma equipe de futebol paquistanesa apresentou-se na casa-mãe para receber sua bênção. Algumas pessoas a desaconselharam veementemente a receber os jogadores e a Madre lhes replicou: *"Vou atendê-los e assim vou poder falar-lhes de Cristo"*. Ser profeta, anunciar o amor de Cristo aos homens, era para Madre Teresa mais importante que sua própria vida.

Como cristãos somos todos chamados a ser profetas, a *"dirigir nossos passos, nossos passos de pobres humanos, num caminho de paz"*. Temos, cada um, uma responsabilidade para com todos os nossos irmãos da terra, com os quais nos encontramos no metrô, ou no ônibus, ou na rua. Aos que nos acolhem ou nos fazem bem, como aos que nos são indiferentes, devemos ser capazes de desejar o que Madre Teresa desejava: "Que Deus os abençoe". Ou seja, que vivam dias felizes como dias de primavera. Estejam em paz, que seus dias sejam de paz, na paz; não envenenados pela tentação, pelo tormento do medo dos acontecimentos, do mal que seus inimigos possam vir a causar, da doença que pode deixá-los indispostos.

Como Maria e com Maria, reconheçamos nossa pequenez e a grandeza daquele que nos chama, sob as mais diferentes formas de vida, a ser missionários de sua caridade, a doar-nos com alegria a Deus e a nossos irmãos da terra. E façamos um exame de consciência com esta palavra de Madre Teresa:

Revistem seus pertences, suas roupas e vejam o que podem doar. Reparem no que estão vestindo antes de poder colocar este sári. Minha alma está imaculada como meu sári?

E depois, obedeçam. A obediência é seu sacrifício verdadeiro. Quer diga sim, quer diga não. A pobreza: podem me tomar meus pertences, mas a obediência é própria de mim. Deus não me forçará a ela; devo dizer: sim, ou não.

Décimo dia

A CASTIDADE CONSAGRADA

Agradeçam ao Senhor do mais profundo de seu coração haver escolhido vocês para Ele, e por toda a vida.

Esta manhã rezei por vocês e pedi a Jesus que as conservem puras, a fim de que possam ver o rosto do Filho de Deus na terra em cada uma de vocês e nos pobres, e que assim possam ver Jesus face a face no céu. Rezem à Virgem Maria e digam: "Maria, minha Mãe, dai-me um coração puro". Nossa vocação é de ver Jesus sob as aparências dolorosas do pobre e, por isso, temos necessidade de um coração puro; não poderíamos chegar a esse ponto sem ver o semblante de Jesus em cada uma de nós e nos pobres. Pedi a Maria: "Ajudai-me a amar Jesus como o amastes, hoje, mas também todos os dias". Vocês não poderão ver Jesus se não tiverem um coração puro. Ontem à tarde, disse o que devem dar a Jesus: a pureza de seus olhos e a pureza de suas mãos. Sinto a mesma coisa em meu coração para lhes dizer: deem a Jesus a pureza de seu coração, dando-lhe a pureza de suas mãos. Ó minha Mãe e minha Rainha, concedei-me que vos ame cada vez mais.

Para continuar a meditação começada no capítulo anterior, penso que é conveniente sublinhar que a figura da pessoa virgem é a figura do profeta. A meu ver – mas essa visão me parece estar conforme toda a tradição católica –, a figura de quem é virgem é, por natureza, a figura do profeta. Quando alguém faz o voto de castidade, e decide estar em Cristo na virgindade, é um profeta. É necessário insistir muito sobre esse fato, para nos fazer tomar consciência do que somos, para descrever qual o sentido que se lhe quer dar. Os que são chamados à virgindade constituem a figura do profeta.

Essa figura do profeta, ou a figura da pessoa virgem, é o milagre dos milagres, porque o fato de que uma pessoa proclama a Deus, por sua vida, é um milagre. Que uma pessoa, por amor a Deus, compartilhe, como o fez Madre Teresa, a vida dos pobres, é um milagre no milagre do amor de Deus feito carne.

Não há caridade maior que a virgindade. Isso é claro em Madre Teresa. De fato, na virgindade, o cristão se doa ao homem, ao mais pobre dos pobres; ele afirma continuamente, por sua vida principalmente, seu destino de apresentar o rosto bondoso de Cristo.

Como ensina Teresa d'Ávila: "A pureza não é ausência de desejo, mas intensidade de desejo". E Madre Teresa, a exemplo de Maria, foi virgem porque foi mãe.

A pureza, a castidade e a virgindade criaram em Maria uma beleza toda especial, que atraiu a atenção de Deus sobre ela; e Deus mostrou seu imenso amor pelo mundo dando-lhe Jesus. O amor de Maria pela pureza foi tão grande, que ela estava preparada para tornar-se a Mãe de Jesus. E queria que seu amor a Deus não fosse dividido com outra pessoa. Somente quando o anjo a esclareceu, é que ela disse o "sim". Peçamos a Maria que guarde nossos corações em seu coração, a fim de que possamos crescer no amor de Cristo pela castidade.

Há na vida de Madre Teresa um episódio que, a meu ver, explica bem o que escrevi. Um dia, Madre Teresa recebeu a visita de um jornalista de renome, que queria compreender o porquê da fama dessa mulher. Foi a Calcutá e encontrou Madre Teresa num momento em que estava cuidando de um homem, na casa onde se acolhiam os moribundos. Muito abalado, ele lhe disse: "Irmã, não faria o que a senhora está fazendo nem que fosse por mil dólares ao dia". A Madre lhe respondeu: "Nem eu..."

A única coisa que a possuía era seu amor virginal a Deus. Ela rezava assim:

Maria, minha Mãe ternamente amada, dai-me vosso coração tão belo, tão puro, tão imaculado, tão cheio de amor e de humildade, a fim de que possa receber Jesus, como vós, e de me apressar em levá-lo aos outros.

Madre Teresa depurou o amor e libertou-se de vez. Pois o fruto que produz o voto de castidade era para ela *"estar totalmente livre para contemplar a Deus e servir livre e generosamente os mais pobres dos pobres"*.

A virgindade consiste em viver o que é de fato a verdade. Mas a virgindade entrou no mundo não por uma via filosófica, mas porque Alguém disse: "Quero viver a verdadeira realidade". Como a virgindade entrou no mundo? Como imitação de Cristo, imitação do modo de viver de um homem que era Deus.

Como Cristo conhecia a realidade? Viver o contato com o real é possuir, e possuir significa estar em relação. Como Cristo vivia a relação com a realidade? A resposta pode ser encontrada no Evangelho de João, nos capítulos de 5 a 8, em que Jesus diz: "Em verdade, em verdade, vos digo: o Filho, por si mesmo, nada pode fazer, mas só aquilo que vê o Pai fazer; tudo o que este faz o Filho o faz igualmente" (Jo 5,19). "Assim como o Pai tem a vida em si mesmo, também concedeu ao Filho ter a vida em si mesmo e lhe deu o poder de julgar. (...) Por mim mesmo, nada posso fazer: eu julgo segundo o que ouço e meu julgamento é justo, porque não procuro a minha vontade, mas a vontade de quem me enviou" (Jo 5,26-27.30). Esses capítulos são abundantes em frases análogas. O que significa que o modo como Jesus estava em relação com a realidade era determinado por sua obediência ao Pai, numa posse de relações que era conforme o que o

Pai queria. Ou seja, Jesus entrava em relação com as pessoas e com as coisas conforme seu verdadeiro destino. A virgindade consiste em estar em relação com os homens e com as coisas como Deus, o Mistério, entra em relação com eles.

Madre Teresa o demonstrou por sua vida, tocando e vendo os pobres como Deus os vê. Ela "possuía" as pessoas à maneira como a que Deus as "possui": para as fazer viver. Quando amamos alguém, queremos apertá-lo em nossos braços e este abraço pode se tornar sufocante. O Cristo nos abraça do alto da cruz e nos salva.

A virgindade se realiza ao cumprirmos a missão que Deus nos confiou. Existem duas grandes missões: a primeira, de colocar no mundo novas criaturas para Deus e de educá-las. A segunda, de chamar a atenção de todos, por nosso testemunho pessoal, por nossa vida cotidiana, de que não vale a pena fazer com que nasçam e se eduquem criaturas senão pelo Cristo.

A primeira missão é a da família. A segunda é a da virgindade, no sentido estrito do termo, como doação. A missão da família é a de colaborar com Deus e com a história, dando-lhe criaturas e educando-as. O objetivo da virgindade é que toda a vida da pessoa virgem seja uma convocação para todos, lembrando e testemunhando a todos que Cristo é a única pessoa por quem vale a pena viver e morrer, ter ou não filhos, ter ou não saúde.

Para terminar, não se deve esquecer de que essa vida religiosa tem implicações para todos os cristãos. Esses devem aí buscar inspiração e suporte para responder, por si mesmos, ao Cristo e testemunhar de modo sempre mais claro que Cristo veio para fazer o bem (cf. At 10,38) para todos os homens, crentes ou não crentes.

Cristo é o destino de todos os homens. Cristo é a verdade de todo homem. Cristo é o amor que cura todos os outros amores.

Madre Teresa rezava assim:

Ó Jesus, único amor de meu coração, desejo sofrer tudo o que sofro, somente por amor a Vós, não pelos méritos que eu possa obter, não pelas recompensas que Vós me prometestes, mas somente para Vos agradar, para Vos louvar, para Vos bendizer, na dor como na alegria.

Como aprender a rezar à maneira de Madre Teresa? Minha experiência me diz: rezando, mantendo o olhar fixo em Cristo, porque a estima por Cristo, o envolvimento contínuo com Ele, que daí decorre, nascem do íntimo da oração. Pedindo que venha seu reino e sua presença misericordiosa ao mundo. Pedindo a Deus que nos faça conhecer Cristo, reconhecê-lo no outro, segui-lo em nossa vida. Suplicando a Deus que nos faça compreender que o sacrifício não é tanto a renúncia, mas a oferenda de comunhão que torna sagrada nossa vida e dá a paz ao mundo. Cristo merece essa oferta de amor, e Madre Teresa de Calcutá mostra por sua vida que essa oferta é fecunda.

Meu trabalho pelos mais pobres dos pobres é o fruto de meu amor exclusivo, sem partilha, por Cristo.

Décimo primeiro dia

A POBREZA CONSAGRADA

É necessário um coração puro, um coração que seja livre para ver a Deus nos pobres com os quais entramos em contato. Eis a razão pela qual precisamos da pobreza para nos tornar livres, para fazer nosso coração puro, porque um coração puro pode ver a Deus.

A pobreza nos torna livres para matar a sede de Cristo em Getsêmani e na cruz, por amor às almas, trabalhando com muito zelo por nossa salvação e nossa santificação, mas também pela salvação e santificação do pobre a quem servimos.

A partir desses breves ensinamentos, já podemos ver a relação entre castidade e pobreza. Em múltiplas ocasiões, Madre Teresa manifestou seu pensamento sobre a pobreza. Mas, acima de tudo, ela a viveu não como renúncia, mas como amor. Para ela, o conselho evangélico da pobreza representava antes de tudo *"a alegria e a liberdade de uma resposta incondicional a Cristo, o qual, por amor, se fez pobre no meio dos pobres"*.

Na sociedade de hoje a pobreza, como a castidade, é muitas vezes desprezada, considerada como uma vergonha.

Felizmente isso não acontece no mundo cristão. Ao contrário, há uma estima, pelo menos em palavras, em relação à pobreza. Com certeza o tema é complexo. Pode parecer estranho que a virtude, que tem por objetivo tornar o homem simples, colocá-lo nu diante de Deus, torná-lo totalmente livre para ir até Ele, possa levantar tantos problemas que nunca serão resolvidos completamente nem definitivamente. A dificuldade prende-se também ao fato de que a palavra "pobreza" é empregada com significados diferentes. Os que discutem a seu respeito não empregam a mesma linguagem ou, então, não atribuem o mesmo significado à palavra "pobreza". O mundo fala sua própria linguagem. Cristo já fala outra e nós, muitas vezes, a empregamos num terceiro sentido. Às vezes entendemos pobreza como a virtude do desprendimento. Em outros momentos, simplesmente falamos de pobreza no sentido rotineiro da palavra, no sentido de estado de privação que multidões de seres humanos conhecem no mundo todo; estado odioso, que os pobres em sua maioria se esforçam por evitar e combater. Por fim, em outros momentos, falamos, como aqui, da pobreza no sentido do voto professado pelos religiosos.

Ajudados por Madre Teresa, lancemos um olhar sobre a atitude de Jesus diante da pobreza. O que caracteriza a atitude de Jesus, no Evangelho, é uma suprema liberdade diante de todas as coisas. Essa superior liberdade se expressa sobretudo durante o período de sua vida pública. Jesus nada tinha, nada possuía; no entanto, não recusava o que lhe ofereciam. Alertou os que queriam segui-lo: "As raposas têm suas tocas e os pássaros do céu, seus ninhos, o Filho do Homem mesmo não tem onde repousar a cabeça" (Mt 8,20). É revelador que Madre Teresa tenha colocado essa frase de Cristo como introdução ao capítulo da constituição de sua congregação que trata da pobreza. O sentido das palavras de Cristo, como nos prova a vida dessa santa com quem rezamos, vai mais longe do que pensamos. Jesus não tinha uma ocupação terrestre, não tinha casa na terra. Pertencia a sua missão, pertencia a todos os homens, é de certa forma a propriedade da humanidade inteira. É talvez nessa imitação da pobreza que se explica o fato de que tantos homens e mulheres no mundo reconhecem Madre Teresa como uma mãe, sua mãe.

O mais importante ensinamento de Jesus sobre a pobreza acha-se no Sermão da Montanha, quando proclama as bem-aventuranças. "Felizes os pobres de coração" (Mt 5,3), ou ainda, segundo outro evangelista: "Felizes vós, os pobres" (Lc 6,20). Mas não se pode falar da pobreza, que é uma bem-aventurança, isolando-a das outras. Elas constituem o código do amor do Senhor. Não é fácil explicar. Foram feitas para ser vividas, mais do que para ser explicadas. Entretanto, é preciso ressaltar que o Senhor promete aos pobres a felicidade

– "Felizes!", porque acolhem com o coração aberto a alegre presença e o amor de Cristo, que enxuga as lágrimas, alivia os sofrimentos. Isso me foi lembrado, um dia, por uma jovem mãe solteira, acolhida pelas irmãs de Madre Teresa em Primavalle, aonde, como já disse, eu ia muitas vezes. Essa pobre jovem mãe, depois do batizado do filho, estava radiante. Sorria para todo o mundo, mostrando para todos seu filho. Veio até mim para me agradecer. Perguntei-lhe por que estava tão feliz, ao que me respondeu, com o mesmo sorriso: "Porque meu filho se tornou templo do Espírito Santo".

Foi a caridade de Madre Teresa que, por intermédio de suas irmãs, havia educado essa moça.

Procurarei, brevemente, ajudar o leitor a prestar atenção em Madre Teresa, para que siga Cristo mais de perto. Sua procura da pobreza expressava a necessidade que sentia de assemelhar-se a Cristo, de ser semelhante a Ele, crucificado.

> *Jesus escolheu o caminho da rejeição. Permitiu que o crucificassem e que lhe pregassem cravos em suas mãos. Vocês se preparam para professar os votos; estão de fato convencidas de que escolhem o voto de pobreza, de que escolhem unir-se a Jesus na cruz?*
>
> *Agora, quero que façam um exame de consciência e que se perguntem: "Conheço a alegria da pobreza?" Mais uma vez, quero que*

estabeleçam um vínculo estreito entre ela e a sede de Jesus, com a nudez de Jesus.

Não permitam que as coisas entrem no convento. Se fizerem isso, vão criar ilusões, aplacarão a sede de Jesus com vinagre e não com amor. O que Cristo lhes pede é que matem a sede que Ele tem. Podemos levar uma vida muito confortável, sem viver de fato o desapego. Procuremos aprofundar nosso amor. Quanto menos bens, maior é o amor. Esta criança, este copo de água, este pedaço de pão. Lembremo-nos somente de seu terno amor. Suplico-lhes, minhas irmãs, evitem todo o resto.

Que possuía Madre Teresa? O que tinha? *"O Cristo, a Palavra que a chamou."*

Aonde ia, em tudo que fazia, levava a Palavra que se fez carne.

Não se pede a todos que vivam a pobreza material como ela viveu. Pede-se que vivam a pobreza, que é o desprendimento das coisas e das pessoas, porque não nos pertencem, mas pertencem a Deus.

Há uma palavra que liga, que faz a passagem entre a ascese, a vida espiritual e a pobreza. Com efeito, não pode haver pobreza que não seja fruto da ascese; caso contrário, trata-se então de uma falsa pobreza. Colocaríamos nossa esperança em algo que decidimos por nós mesmos, algo que possuímos. A palavra que serve de ligação é "sinceridade", nem tanto no sentido abstrato, mas no sentido de sinceridade de relacionamentos. Sentimo-nos sempre cheios de direito de exigir que o outro seja sincero em sua relação conosco, mas muitas vezes essa exigência em nós não é sincera, porque esconde nossa vontade de possuir. A verdadeira possibilidade de vivermos a pobreza passa por uma atitude não possessiva em nossos relacionamentos humanos, e os relacionamentos humanos não são possessivos quando vividos à luz de nosso destino, que é Cristo.

Qualquer que seja o ponto de partida de nossa caminhada espiritual no seguimento de Cristo, em uma família religiosa ou em uma comunidade, deverá igualmente se inserir nesse conceito de pobreza de que falamos.

Madre Teresa se educava para a pobreza por uma atitude totalmente sincera, a ponto de mesmo quando devia pegar um lápis novo para escrever, solicitava-o com verdadeira humildade.

> *Nossa pobreza deve ser a verdadeira pobreza do Evangelho: amável, terna, alegre e generosa, sempre pronta a brindar com uma expressão de amor. Para amar é preciso doar-se. Para doar-se é preciso estar livre de todo egoísmo. Alegremo-nos com Maria, que cantou a grande verdade: "[Deus] enche de bens os famintos e manda embora os ricos de mãos vazias" (Lc 1,53).*

Décimo segundo dia

A OBEDIÊNCIA CONSAGRADA

Quando vocês obedecem, assegurem-se de que estão convencidas da verdade de pertencer a Jesus. "Tenho sede": essas palavras só têm este sentido: "Dou-me toda a Jesus numa entrega total".

Se querem de verdade crescer em santidade pela via da obediência, voltemo-nos à Virgem Maria, para aprender como obedecer a Jesus, que foi obediente até a morte.

Embora sendo Deus, rebaixou-se e viveu na submissão.

Sentir-se pobre, viver na pobreza, ter consciência de pertencer a Deus, a quem Madre Teresa se entrega totalmente, supõem um coração obediente.

Em muitos meios, até cristãos, a obediência é muitas vezes apresentada como oposta à liberdade, que limitaria e seria um peso.

"Ah! Se não tivesse de obedecer aos mandamentos de Deus, ao ensinamento moral da Igreja, ao papa, a meu superior..." Na realidade, em Cristo, a obediência é um ato de liberdade. Quem é livre, obedece. Quem não obedece, não é muito mais livre.

A verdade é que, humanamente falando, a obediência não pode ser fácil de compreender nem de aceitar. Obedecer somente a si mesmo é viver o ideal de liberdade conforme a lógica do mundo. Mas não me prenderei a essa objeção.

Na escola de Madre Teresa, descobrimos no Evangelho o ponto de onde brota a obediência, para poder apresentá-la como um ato de liberdade.

Quando se fala de obediência, pensa-se logo em Jesus ordenando a seus discípulos: "Vem", "segue-me". O "sim" do discípulo é muitas vezes subentendido.

Mas atenção: *"Os discípulos de Jesus não são os que dizem: 'Senhor, Senhor', que entrarão no Reino dos Céus, mas os que fazem 'a vontade de meu Pai que está nos céus' (cf. Mt 7,21)"*. A parábola dos filhos (cf. Mt 21,28-32), em que um diz "sim" a seu pai, mas não faz o que foi mandado, enquanto o outro, depois de ter dito "não", executa a ordem dada, ilustra a frase que acabo de citar. A obediência é consentimento fiel. Introduz-nos numa autêntica familiaridade com Jesus. "Quem é minha mãe e quem são meus irmãos?" Apontando seus discípulos, diz: "Eis minha mãe e meus irmãos; qualquer um que faz a vontade de meu Pai, que está nos céus, é meu irmão, minha irmã, minha mãe" (Mt 12,48-50).

Ao tornar vivo o ensinamento de Cristo, Madre Teresa ensina que o voto de obediência é a resposta ao apelo de Cristo. Esse conselho evangélico, assumido com espírito de fé e de amor para seguir Cristo, obediente até a morte, exige submissão da vontade aos superiores, nos quais se reconhece a vontade de Deus.

A obediência cristã, que procuramos compreender um pouco melhor, é obediência própria da fé.

De fato, a fé reconhece com seus próprios olhos a autoridade de Jesus, e a reconhece como absoluta: é a autoridade de Deus, a Ele se submete e se entrega sem reservas.

A fé situa o homem ou a mulher onde Deus age e está presente em Cristo. Ela habita imperturbável nesse lugar. É sustentado pela fé que o centurião pediu a Jesus uma palavra soberana de cura para seu servo e para si mesmo. Foi a fé que fez com que a cananeia não se deixasse desanimar à primeira recusa de Cristo; ela permanece onde está, na fé, e continua a suplicar com insistência. A mulher que sofria de hemorragia, sem direito de ficar entre a multidão, porque é impura aos olhos da lei, obriga, por sua fé, Cristo a fazer um milagre e mostra sua confiança nele confessando seu gesto. É pela fé que os cegos imploram a Cristo que tenha piedade deles. E Cristo não concede apenas a visão da luz, mas que vejam a Ele, a Fonte da luz.

Reconhecer a autoridade absoluta de Cristo, submeter-se a Ele. Esses são os atos de obediência, dessa obediência da fé que liberta.

A obediência bem vivida nos liberta do egoísmo e do orgulho e nos ajuda desse modo a encontrar a Deus e, nele, o mundo inteiro. A obediência é uma graça especial que produz uma paz sem-fim, uma alegria profunda e uma estreita união com Deus.

A obediência transforma as pequenas coisas e as ocupações banais em atos de fé viva. A fé em ação é o amor, e o amor em ação é o servir ao Deus de amor.

A obediência vivida com alegria cria uma viva consciência da presença de Deus. Então, a fidelidade a atos de obediência, como respeitar o toque do sino, a hora da refeição, comer a comida disponível etc., são o fruto de uma obediência constante, pronta, alegre e sem partilha; esses atos tornam-se essas gotas de óleo que mantêm acesa a Luz, que é Jesus vivo no íntimo de nossa vida.

Para Madre Teresa a obediência era sua resposta à predileção de Deus, que havia falado a seu coração.

Em obediência a esse apelo, nas pequenas como nas grandes coisas, adquiriu a consciência sempre mais aguda de ser enviada por Deus. Fez-se então Missionária da Caridade.

Cada um de nós pode também adquirir a consciência de ter uma missão, de ser um "enviado" de Deus, de ser eco, reverberação, obediência. A obediência é o aspecto mais comprometedor da palavra liberdade.

Conscientes de sermos enviados, nosso amor se despoja de toda a presunção ou sentimento de posse.

Disso deriva um corolário importante: a pessoa renovada em Cristo não tem apenas um coração piedoso, mas tem a disposição para a missão, a missão da caridade. Parafraseando o ensinamento de São Paulo, diria: "Quanto a ti, mesmo que tenhas dado aos outros teu corpo e todo o teu dinheiro, se não és profeta, isto é, palavra de amor, missão de caridade, tudo isso nada vale".

A obediência não é: "Devo fazer isto", mas "Quero resolver a sede de Jesus".

Fazemos a livre escolha de viver na obediência, para alcançar a liberdade e a maturidade que são as de filhos de Deus, porque é uma fonte inesgotável de paz, de alegria interior, e é a única condição para termos uma profunda união com Deus. Como Maria, a serva do Senhor,
– *amaremos e consideraremos como um privilégio viver na obediência, não apenas por ser um meio seguro de cumprir a vontade de Deus, mas por ser também uma graça verdadeiramente especial e uma honra;*
– *faremos com esmero e alegria todas as ocupações da rotina diária de nossa vida, como rezar, tomar as refeições, trabalhar e divertir-nos.*

Madre Teresa chegou a uma consciência mais profunda de sua missão, porque cada dia servia o próprio Cristo sob as aparências dolorosas do pobre e do sofredor. Como o padre, durante a missa, toca o corpo de Cristo, ela tocava com suas mãos o corpo de Cristo sob a forma da humanidade sofredora, com quem se encontrava diariamente. Também porque quanto mais o trabalho ou as pessoas são repulsivas, maior deve ser nossa fé; maiores também devem ser nosso amor, nossa pureza, para servir com alegria e dedicação o Senhor oculto sob as aparências doloridas do pobre ou dos pobres.

Quanto mais Madre Teresa obedecia a Deus, mais crescia nela a consciência de ser mãe. Foi missionária porque foi mãe. E como acontece em família de a mãe fazer os mais humildes trabalhos para poupar os filhos, ela igualmente se reservava os mais humildes trabalhos e pedia às superioras de seus vários conventos que fizessem o mesmo.

A honra de acolher Cristo nos mais pobres entre os pobres, na mais repugnante das pessoas, é a daquele que deve dar as ordens. Quem é chefe deve ser aquele ou aquela que ama mais a Deus; sua autoridade não se apoia somente numa base jurídica: ele/ela sabe dar ordens com o próprio coração de Deus. Sabe fazer aumentar os que Deus lhe confiou *(a palavra autoridade vem do latim "augere", que significa aumentar, fazer crescer)*, os que ele tem a seu redor, que são irmãos em Cristo, e que devem acompanhar em sua caminhada até Ele.

Décimo terceiro dia

O QUARTO VOTO
O serviço consagrado aos mais pobres entre os pobres

Meu quarto voto significa: ser chama ardente de caridade.

Este voto transparece no hábito que Madre Teresa e suas irmãs vestem. O mundo inteiro conhece o sári branco com três listras azuis. Mas todos talvez não saibam que o branco foi escolhido porque as roupas coloridas custam mais caro, o que é então sinal de pobreza. As três listras indicam os três votos, o de pobreza, obediência e castidade. A listra que indica a castidade é a mais larga, porque ela se estende até o quarto voto. Estende-se a uma caridade que se doa ao extremo, porque é preciso ter o coração puro para ver Jesus na pessoa do mais pobre dos pobres.

Em consequência, quanto mais repugnante for o trabalho, quanto mais desfigurada ou deformada for a imagem de Deus na pessoa, maior deverá ser a fé e também a dedicação terna para encontrar o rosto de Cristo e o servir com amor, na carne dolorida dos mais abandonados e desprezados.

O que mais causava espanto era que ela realizava esse trabalho humílimo, considerando-o como um privilégio; agradecia a Deus isso e o vivia com dedicação profunda, num espírito de partilha fraterna.

Em uma das cartas a suas irmãs, lê-se:

> *Jesus é Deus e então seu amor e sua sede são infinitas. Nosso objetivo é matar a sede infinita de um Deus que se faz homem. Os anjos em adoração no céu cantam sem parar os louvores de Deus. Como eles, as irmãs põem em prática os quatro votos de pobreza, castidade, obediência e de serviço aos pobres; fazendo isso, matam a sede infinita de Deus, por seu amor e pelo amor das almas que conduzem até Ele... vivendo uma vida de caridade perfeita, exercendo os quatro votos, as irmãs matam a sede de amor de Jesus.*

Madre Teresa explicava esse quarto voto dizendo que Jesus a havia chamado, assim como suas irmãs,

> *por intermédio da Igreja, para trabalhar pela salvação e santificação dos mais pobres entre os pobres pelo mundo afora, a fim de matar a sede de Jesus, moribundo na cruz, sedento de seu amor e do amor das almas,*
> *– amando generosa e livremente os mais pobres entre os pobres, com os quais Ele se identifica, tanto no seio de suas comunidades como entre os que elas servem, e fazê-los*

conhecer sua presença neles próprios, fazer com que essa presença seja amada e atendida por todos;
– *fazendo reparação pelos pecados de repulsa, de indiferença, de falta de atenção e de amor para com Ele no mundo de hoje, em seus relacionamentos recíprocos entre si e nos pobres a quem elas servem.*

O mundo inteiro reconheceu e estima Madre Teresa precisamente por esse quarto voto, por esse serviço de caridade para com os mais pobres dos pobres; um serviço que ela promoveu começando pela periferia de Calcutá, para chegar às regiões mais pobres da terra.

Seu trabalho simples, mas admirável, começou em Kalighat, ajudando pessoas agonizantes na rua, evitando que caíssem no desespero. Um desses homens que ela havia recolhido da rua, onde fora abandonado agonizando, disse-lhe, sorrindo: "Vivi como um infeliz, morro como um rei!"

Quando se leem essas coisas, vem à mente a parábola do Senhor, uma das mais belas e, certamente, das mais sérias, porque toda ela acontece à luz do amor. Jesus apresenta a visão do juízo final no momento em que, diante de Deus, as nações inteiras e todos os homens se encontram reunidos, e uma escolha se faz entre eles, uma separação. De um lado, os que estão de acordo com Deus, os que estão em condição de amar; porque é essa capacidade de amar que os faz entrar na posse da visão de Deus e os faz penetrar em seu mistério. De outro lado, os que são rejeitados, porque não são capazes de suportar o olhar de Deus, de olhá-lo face a face para amá-lo. Assim é que se dará o julgamento: com base no amor que houvermos tido por nossos irmãos. "Tive fome, dirá o Cristo, e não me destes de comer; tive sede, e não me destes de beber; não tinha um teto, e não me acolhestes; estava nu, e não me vestistes; doente, e não me viestes ver; estava preso, e não me visitastes." Eles ficam cheios de espanto. Durante suas vidas, encontraram pessoas famintas, sedentas, presas, nuas; perguntam, tomados de uma curiosidade mesclada de espanto: "Quando é que te encontramos?" E Cristo lhes responde: "Toda vez que fizestes isso a um desses pequenos que são meus irmãos, foi a mim que o fizestes" (cf. Mt 25,31-40).

Essa enumeração de sedes, necessidades, misérias humanas, era tudo o que havia no tempo da vida terrena de Cristo. Madre Teresa acrescentou:

> *Os ignorantes, os maltrapilhos, os leprosos, os alcoólatras, os doentes e os agonizantes carentes de tudo; os mal-amados, os abandonados, os rejeitados, todos os que são um peso para a sociedade; os que perderam a fé e a esperança na vida, todos os pecadores endurecidos, os que estão*

sob o domínio do maligno; os que encaminham os outros ao pecado, ao erro e à confusão, os ateus, os desviados; os que estão confusos e em dúvida, os que são tentados, os que são espiritualmente cegos, fracos, relaxados e ignorantes; os que não foram ainda tocados pela luz de Cristo; os que têm fome da Palavra e da paz de Deus; os que são difíceis, repugnantes, aflitos; as almas que estão no purgatório e todas as Missionárias da Caridade, apesar de aceitarem viver a vida de pobreza evangélica e do fato de que são pecadoras.

O ensinamento de Cristo que Madre Teresa nos relembra com a força da caridade é sério e entrevemos imediatamente as exigências que comporta. É para agitar, ativar de verdade nossa vida. Chegamos, se posso ousar dizê-lo, a um ponto crítico em que percebemos, ainda que confusamente, que a caridade do Senhor não pode ficar inacabada por falha nossa. Não pode permanecer letra morta, simplesmente porque não queremos colocá-la em prática e objetamos de que é muito difícil.

Isso, no entanto, não é um obstáculo. Deve ser a ocasião para reconhecermos que devemos ainda aprender a amar.

Já que seremos julgados pelo amor, já que não podemos amar a Deus, se não esgotarmos todas as exigências da caridade, devemos tomar a decisão de aprender, durante nossa vida, esse grande mistério do amor de Cristo e dos homens.

Só nos resta entrar para a escola de Madre Teresa para aprender a amar do jeito que ela amou.

O primeiro passo nesse sentido é de unir-nos a ela, rezar com ela, dizendo:

Ó Jesus, ajudai-me a espalhar vosso perfume por toda a parte aonde eu vá. Inundai minha alma com vosso Espírito e com vossa vida. Entrai em mim e apossai-vos de todo o meu ser, e tão inteiramente, que toda a minha vida irradie a vossa. Fazei resplandecer vossa luz através de mim e tomai posse de minha pessoa, de modo que todos os que de mim se aproximem possam sentir vossa presença em minha alma. Que os que me olham vejam não minha pessoa, mas vos vejam em mim. Ficai comigo. Assim brilharei com vosso esplendor e poderei ser luz para os outros. Minha luz virá apenas de vós, Jesus; nem um raiozinho será de mim. Vós é que iluminareis os outros através de mim. Inspirai-me o louvor que vos é o mais agradável, iluminando os outros a meu redor. Que vos anuncie não em palavras, mas pelo exemplo, pelo testemunho de meus atos, pelo brilho visível do amor que meu coração recebe de vós. Amém.

Décimo quarto dia

A VIDA EM COMUNIDADE E A IGREJA

Deus cuidará de vocês se permanecerem unidas.

O Espírito, que age na Igreja através de nossa congregação, é um Espírito de unidade na diversidade. Possui dons diferentes, mas todos a serviço de uma grande unidade no plano de amor de Deus.

Nosso chamado à vida comunitária é o chamado a matar a sede de Jesus para conosco, Missionárias da Caridade; ele nos ama e nos aceita como somos, e tem sede de ser amado e aceito por nós como Ele é, qualquer que seja a forma sob a qual ele vive conosco, enquanto Missionárias da Caridade. Nossa resposta à sede de Jesus é nossa total aceitação de seu amor. É também aceitar que Ele vem até nós através de nossa superiora e de nossas irmãs de comunidade; devemos amá-las e aceitá-las do jeito que são, sem nos perguntar por que esta superiora e estas irmãs estão nesta comunidade, porque elas nada mais são que Jesus.

O chamado de Cristo é um chamado a viver em comunidade; é um chamado eclesial, um convite à unidade, à comunhão.

O Pai enviou seu Filho ao mundo a fim de fazer de nós, pelo amor e pelo poder do Espírito Santo, um só corpo com Ele e com todos os nossos irmãos.

Deus se revela ao homem no tempo e no espaço. Seu mistério de amor se comunica irresistivelmente ao homem. Essa afirmação traz em si uma característica absolutamente paradoxal: o Cristo, que está no centro, como redentor do homem e do mundo, e que dá sentido a todas as coisas, manifesta-se num determinado ponto preciso do tempo e do espaço. É através de momentos contingenciais, mas objetivos, que é comunicado o que todo o homem é chamado a escutar, a conhecer, a testemunhar, a experimentar: a familiaridade com Deus. Mas o acontecer desses momentos implica um lugar, para onde, a pedido do próprio Deus, concentrem-se as ações dos homens, lugar que sirva como sinal de seu relacionamento com o homem e do relacionamento do homem com Ele. Em termos bíblicos, esse lugar chama-se "templo". O templo é o local, o espaço pertencente a Deus, onde tudo está organizado em função de sua presença. O local onde o homem se depara com a voz, a mensagem e a companhia de seu Deus. O local onde o Senhor lhe indica o caminho. É a resposta à necessidade última do espírito e do coração humano na inteligente expressão de Moisés ao dizer: "Mostrai-me vosso rosto. Se não caminhais conosco, impedis de sairmos daqui".

Esse encontro se dá sob a forma de uma companhia precisa, claramente identificável no tempo e no espaço. Etimologicamente, a palavra companhia é formada pelo prefixo "cum", que significa "com", e de "panis", que significa "pão"; designa então pessoas que comem do mesmo pão. A companhia é constituída de irmãos (do latim "frater", em francês "frère"), cuja etimologia se origina de "frangere" (partir); trata-se então de pessoas que partem juntos o pão (como na Ceia e como em Emaús). A companhia é constituída de irmãs (do latim "soror"; em francês "soeur", e também em português "sóror"); palavra formada a partir de "sors", que significa sorte, destino, a indicar pessoas partilhando o mesmo destino, escolhidas pelo Espírito de Cristo, que diz: "Não fostes vós que me escolhestes, mas Eu que escolhi a vós". Essa companhia tem por estrutura a casa, ou igreja, que vem de "ek – kaleo", cujo significado é "com – vocação", em outras palavras, uma companhia que se reúne, uma comunidade de caridade, numa dimensão concreta de espaço e de tempo. É dessa casa – comunidade – que tudo parte, que tudo começa de maneira nova e que se desenvolve, organiza-se, consolida-se e se desabrocha em ternura. Tudo se concretiza no amor e na verdade. Madre Teresa, com efeito, ensinava isso de maneira muito concreta:

Nunca devemos esquecer que nossa comunidade não é constituída de mulheres já santas, mas de mulheres que buscam tornar-se santas. Vamos ser então extremamente pacientes para com os defeitos e as falhas que estão em cada uma de nós. Nosso amor recíproco
- *será esquecido de nós mesmos, generoso, terno, pessoal e cheio de respeito;*
- *não levará em nenhuma conta as simpatias ou antipatias, as amizades ou inimizades, a dignidade ou indignidade;*
- *será sem compromisso porque tudo é importante a nossos olhos, mas cheio de compaixão e pronto a perdoar porque nos compreendemos;*
- *será sempre acompanhado de bom conselho, encorajamento; será sempre confiante, generoso, pronto a levar-nos ao sacrifício até a morte da cruz.*

Todo homem torna-se possível objeto de amor: o transeunte, o desconhecido no elevador, o vizinho de andar, aquele que nos comprime no metrô, o alcoólatra que nos causa repugnância, o doente que nos inspira compaixão.

A existência da Igreja encarna-se, concretiza-se até nos mínimos detalhes, à semelhança de artérias que acabam em vasos capilares. O longo existir da Igreja se concretiza, efetivamente, nas famílias, na comunidade criada por um homem e uma mulher para engendrar um povo; concretiza-se nas casas religiosas, constituídas de pessoas que vivem juntas para se consagrar a Deus e mostrar, pela virgindade, que Ele é merecedor de total doação.

Famílias, mosteiros, conventos, paróquias, associações e movimentos são lugares no seio desse lugar que é a Igreja, na qual cada um pode dar sua resposta, conforme o chamado que recebeu, à vocação de membros vivos do Corpo místico de Cristo.

A solidariedade humana se faz Igreja. O "nós" torna-se plenitude do "eu". "Nós, nós sabemos que passamos da morte para a vida, porque amamos nossos irmãos" (1Jo 3,14), escrevia o apóstolo João aos cristãos; o que é válido também para nós.

Madre Teresa, filha autêntica da Igreja, amava a Igreja; sabia educar suas irmãs e todos os que encontrava a viver na comunhão, no seio de uma comunidade – para ela, a congregação das Missionárias da Caridade –, e a amar a Igreja como sua Mãe.

> *Nossa vida de comunidade, dizia ela, une-nos como uma família especial de Cristo. Nós proclamamos que Cristo é o chefe de nossa família e nos alegramos com sua presença no meio de nós. A eucaristia é de verdade o centro de nossa comunidade, porque, na eucaristia, recebemos Jesus que faz de nós uma comunidade. Escolhamos então nossa comunidade, mas aceitemos*

fazer comunidade com aqueles a quem Deus nos pôs no caminho, que escolheu desde toda a eternidade, aceitou no tempo e uniu para a eternidade. Pelo que Jesus fez por nós, corremos o risco de rejeitar o dom de Deus se não aceitamos nossa comunidade ou uma das irmãs que a integra. Tomemos Maria por Mãe de nossa comunidade e peçamos-lhe que nos ajude a fazer de nossa comunidade uma casa de Nazaré.

Se Madre Teresa quis até o fim de sua vida viajar pelo mundo, não era para anunciar o Evangelho. O motivo principal que a levava a deixar Calcutá e seus pobres era seu amor de Mãe por suas filhas espalhadas pelo mundo, que necessitavam de seu conforto e de sua ternura maternal para perseverar na vida comunitária e no serviço aos pobres. Ela recomendava a suas filhas: *"Cada vez mais, façam de suas comunidades casas de amor e de paz. Alegrem-se umas às outras, amem-se umas às outras como Jesus amou a cada uma de vocês".*

Madre Teresa ensinou também a amar a Igreja. Seus escritos sobre esse tema não são muito numerosos, mas seu amor pela Igreja, e sobretudo seu amor para com o Papa, e seu respeito pela dignidade do sacerdote ocuparam importante lugar em seu coração.

Ela, cuja obediência era bem conhecida, mostrava grande alegria e grande vivacidade de espírito à voz de Cristo, que lhe falava pela voz da Igreja. Foi muito evidente seu relacionamento pessoal com João Paulo II.

Com a Igreja, expressão de Cristo, seu esposo, compartilhava suas preocupações em relação aos padres. Rezava e convidava a rezar pelo ministério sacerdotal e pela santidade deles.

Sem desânimo, encorajava suas irmãs a oferecer preces e sofrimentos como "irmãs adotivas" dos padres, a exemplo de sua santa padroeira, Teresinha de Lisieux.

Permito-me evocar outra lembrança pessoal. Um dia, ela viera a Casa da Alegria para visitar suas irmãs e as moças que ali eram acolhidas. Encontrava-me lá, com muitas outras pessoas que queriam cumprimentá-la, tocá-la e receber sua bênção. Depois de haver trocado algumas palavras com ela, afastei-me para dar lugar a outros que tentavam aproximar-se dela. Sorrindo, pegou-me a mão e "forçou-me" a sentar perto dela, e fui "compelido" a ficar ali durante mais de uma hora. Agia sempre assim com todos os padres e bispos que encontrava, tanto lhe era natural manifestar seus laços com a Igreja, como o sacerdócio e o serviço da caridade eram importantes em sua vida. Por essa maneira de agir, simples, mas eficaz, quem chegava até ela recebia uma lição de catequese muito forte.

Aprendamos então de Madre Teresa a viver a Igreja, pessoas unidas em comunhão, e a vivê-la como instituição, pois a ambas Deus concedeu o mesmo carisma.

Vivamos a comunidade para a qual Cristo nos chamou – quer seja a família, como a paróquia, uma comunidade religiosa, uma associação ou um movimento. É nossa responsabilidade primordial. Participando assim da comunidade da Igreja, compartilhamos também da missão de Cristo, que disse: "Que todos sejam um como vós, ó Pai, que estais em mim e eu em vós; que estejam também em nós, a fim de que o mundo creia que vós me enviastes" (Jo 17,21).

Décimo quinto dia

MISSIONÁRIA PORQUE FOI MÃE

"Tenho sede", "Dai-me de beber", disse Jesus quando, privado de toda a consolação, morria na cruz na pobreza absoluta; quando foi abandonado, desprezado, despedaçado em seu corpo e em sua alma. Falou de sua sede, não uma sede de água, mas de uma sede de amor, de sacrifício.

Não tenham medo de amar ternamente a Cristo.

As frases que introduzem a meditação deste dia definem bem o carisma pelo qual Madre Teresa respondeu ao chamado de Cristo: *"Quero irmãs cheias de amor, cobertas de minha Caridade que brota da cruz..." "para irrigar as almas com meu amor".*

A fé de Madre Teresa foi exatamente *"o Evangelho do amor, para matar a sede de Cristo, aplacando a sede dos homens, os mais pobres entre os pobres".* Foi por isso que se fez missionária, Missionária da Caridade.

Madre Teresa foi missionária porque foi mãe, o que é possível verificar nas cartas endereçadas a suas irmãs. Nas cartas dos primeiros anos, começava sempre por "Queridas irmãs", depois, à medida que nela aumentava o sentimento de maternidade, iniciava com a expressão "Queridas filhas".

Vê-se em toda a sua vida, em sua maneira de agir, que era como uma mãe vigilante, cheia de atenção, caridade, ternura e compaixão.

Não quero resvalar para o sentimentalismo, porque Madre Teresa viveu seu amor de mãe não no plano emocional, mas com o coração quase da Virgem Maria. Maria foi a primeira quem ouviu as palavras de Cristo: "Tenho sede"; respondeu aceitando tornar-se a Mãe de todos nós, consentindo nas palavras de seu Filho que, do alto da cruz, lhe indicava com o olhar a João, dizendo: "Eis teu filho".

Mas, para não cair no sentimentalismo, citarei São Francisco de Sales: "O homem é a perfeição do universo, o espírito é a perfeição do homem; o amor, a perfeição do espírito e a caridade, a perfeição do amor; pois o amor de Deus é o fim, a perfeição e a excelência do universo" (*Tratado do Amor de Deus,* livro 10º – *Obras de São Francisco de Sales*, Annecy, vol. V, p. 165).

Tentarei expressar através de alguns tópicos o mistério da caridade, descrevendo seus traços essenciais. E o farei seguindo a vida de Madre Teresa.

O primeiro traço da caridade – amor que procede do alto, de Deus – é ser um dom absoluto, magnífico. Deus nos amou primeiro em Cristo e nos concede que o amemos em Cristo. A caridade é o dom de Deus que permite e motiva o homem à doação de si mesmo. *"Cristo age em mim. Ele age por meio de mim, inspira-me e dirige-me, como seu instrumento. Não faço nada. Ele faz tudo."* Madre Teresa viveu toda a sua vida nessa humildade, em resposta a Cristo, que, movido de compaixão por ela, a ela se doava e a ela dava seu amor. A exemplo de Cristo, Madre Teresa não doava apenas o que tinha, doava-se toda, inteira. Assim escrevia:

> *Rezo para que cada uma de vocês seja santa e que, desse modo, vocês espalhem o amor de Deus por toda a parte aonde forem. Acendam a luz da verdade na vida de todos os que encontrarem, a fim de que Deus possa continuar a amar o mundo através de vocês e de mim.*

E lhes recomendava também:

> *Sejam fiéis ao grande dom que Deus lhes deu... para que sejam sua luz, sua Luz no mundo.*

De fato, como o próprio Cristo ensinou, o amor é uma lei, "a" lei. O amor de Deus é um mandamento, porque Deus é a origem e o fim da criatura humana. O dom, o elemento essencial do amor, toma a forma de obediência e de serviço. A vida de Madre Teresa foi toda sob o signo da obediência; mesmo quando rezava, ela o manifestava. A mais sublime forma de oração é a adoração, quando a oração torna-se respeito e quando os olhos abertos para Cristo fazem com que seu amor entre no coração daquele que o adora. O gesto de adoração é essencial ao amor, como se pode comprovar no plano puramente humano, entre dois seres profundamente apaixonados um pelo outro.

Se quisermos viver o amor verdadeiro, é preciso assumi-lo como obediência. Essa obediência não deve ser concebida nem ser praticada como um ato abrupto duma vontade que se dobra, porque não há como ser de outro modo, mas como um ato generoso da vontade que se submete porque ama.

Obediência e serviço são as modalidades de viver um amor que não seja possessão ou desejo, mas prática do bem, que torna a vida fecunda. Nesse caso também, Madre Teresa é para nós um exemplo. Quanta alegria tinha e como sabia doá-la, sempre pronta a servir, esquecendo-se inteiramente de si mesma. Agia assim porque *"Deus, cujo amor é infinitamente humilde, infinitamente doce, oculta seu poder na penúria e na pobreza"*. Sabia que podia *"encontrá-lo unicamente por meio do amor, unicamente por meio da compaixão"*.

Nosso amor, a exemplo do amor dessa mulher recentemente proclamada bem-aventurada, pode e deve produzir fruto observando-se os mandamentos que não se constituem de inumeráveis prescrições, mas antes de tudo que expressam o amor e a fé, de onde decorre todo o resto. Para amar de verdade a Jesus, é preciso – num ato de fé animado pela caridade – acolher interiormente os mandamentos e fazê-los frutificar em ações generosas.

"Quem me ama aceita meus mandamentos e os observa..." (cf. Jo 14,21).

Outro traço da caridade é a de ser redentora. Madre Teresa a praticou, matando a sede de Cristo.

Deus dá seu amor a um "inimigo", para resgatá-lo. O amor do Pai é a caridade que doa seu Filho e o entrega à morte. "É assim que, daqui para frente, saberemos o que é o amor: Ele, Jesus, deu sua vida por nós; nós também devemos dar nossa vida por nossos irmãos" (1Jo 3,16).

> *Não tenham medo de amar ternamente a Cristo... Amando a Jesus, vocês amam os pobres. Não tenham medo de amar os pobres... Tomem a firme resolução de amar a Jesus de todo o seu coração, com toda a sua alma, com todas as suas forças. Não tenham medo de amá-lo. Ele ama cada uma de vocês com ternura... Quanto mais se aproximarem dele, tanto mais vocês vão amar os pobres.*

Mais um traço do amor: o amor significa abertura ao outro, a Deus e a nosso próximo. Aqui também é um problema de obediência ao segundo mandamento, que é semelhante ao primeiro: "Amarás a teu próximo como a ti mesmo". É o mandamento novo de Cristo, seu mandamento; Ele mesmo é o modelo, o princípio eficaz e a razão última. É nesse mandamento que a lei encontra sua plena realização. O amor ao próximo é um ato de obediência essencial, rigoroso e sem reserva, que deve fazer parte integrante do amor como um elemento essencial: "Se alguém diz 'Amo a Deus' e odeia seu irmão, é um mentiroso. Pois quem não ama seu irmão, a quem vê, não pode amar a Deus, a quem não vê" (1Jo 4,20).

Mas esse mandamento tem sua raiz na maneira como Deus age conosco; também a obediência deve fundar-se no desejo de nos conformar ao Cristo. Quem não gostaria de ser o amor? Quem não gostaria de ser amado? Quem não gostaria de dar amor? Madre Teresa mostra que é possível satisfazer esse desejo de nosso coração. É possível se, nas pequenas como nas maiores ações, nos esforçamos em nos assemelhar a Cristo, imagem perfeita do amor sem limites.

Para Madre Teresa de Calcutá, aceitar a vida como vocação de matar a sede de Cristo desencadeou, mais que evidente, o engajamento de toda a sua vida na caridade, com uma capacidade de iniciativa, uma criatividade e um vigor que foram reconhecidos e apreciados até por aqueles que não são cristãos ou crentes.

A esse propósito, um episódio significativo aconteceu no dia de seu funeral. Como muitos sabem, foram funerais nacionais, aos quais compareceram numerosas personalidades e grande número de autoridades religiosas e civis de alto nível.

Como, em Calcutá, não havia igreja suficientemente grande onde coubessem todos os que queriam assistir às exéquias, optou-se por um estádio coberto, notadamente em razão do clima que se vive em Calcutá, ao mesmo tempo muito quente e úmido. Enquanto preparavam o altar para a celebração da missa, instalaram também um grande crucifixo que um hindu havia pintado em homenagem a Madre Teresa. Esse símbolo da religião cristã deve, além do mais, estar sempre presente ao lado do altar, cada vez que aí se celebra a missa. Quando tudo ficou pronto, chegou um ministro do governo indiano. Vendo o crucifixo, disse às irmãs: "É preciso retirá-lo, porque são funerais nacionais, funerais célebres para um estado que respeita todas as religiões; por isso não podem deixar exposto seu sinal distintivo". As irmãs ficaram consternadas. Com a dor da morte de sua Mãe, que já havia tornado dolorosos esses preparativos, ajuntava-se a preocupação de desobedecer à obrigação de colocar o crucifixo ao lado e próximo do altar para a celebração da missa. De forma providencial, chegou o primeiro-ministro e o problema lhe foi apresentado: era preciso ou não deixar o Cristo na cruz? Olhando para o crucifixo, o primeiro-ministro respondeu: "Esta mulher fez tudo o que fez por causa desse homem; esse homem fica onde está".

Para esse ministro, como para milhões de pessoas, Madre Teresa de Calcutá foi, e permanece, uma janela aberta no coração de Deus.

Todo ato de amor coloca a pessoa face a face com Deus.

ÍNDICE

Madre Teresa: uma vida inteira dedicada
a Deus e partilhada com as pessoas 5

1. Como aprender a orar, a rezar? 17
2. Orar é escutar o Cristo na cruz 25
3. Orar é contemplar Cristo na Eucaristia 33
4. Seguir a Cristo conforme o espírito
   de Madre Teresa 39
5. A alegria 45
6. Maria 53
7. Maria e Madre Teresa ao pé da cruz 61
8. Madre Teresa e Teresinha de Lisieux 67
9. A consagração, um ato de livre
   cooperação com Deus 75
10. A castidade consagrada 83
11. A pobreza consagrada 91
12. A obediência consagrada 97
13. O quarto voto 103
14. A vida em comunidade e a Igreja 109
15. Missionária porque foi mãe 117

**Conheça os outros
títulos publicados da Coleção**

Orar 15 Dias com

- Cura D'Ars
- Dom Hélder Câmara
- Francisco de Assis
- José Passerat
- Henri Caffarel
- Santa Teresa D'Ávila
- Santa Teresinha
- Santo Afonso
- São Bento
- São Vicente de Paulo
- São Geraldo Majela